WEIHNACHTSPIELE AUS ALTEM VOLKSTUM

DIE OBERUFERER SPIELE

WEIHNACHTSPIELE
AUS ALTEM VOLKSTUM

Die Oberuferer Spiele

MITGETEILT VON KARL JULIUS SCHRÖER
SZENISCH EINGERICHTET VON RUDOLF STEINER
MIT EINEM AUFSATZ VON RUDOLF STEINER

RUDOLF STEINER VERLAG

Herausgegeben von der Rudolf Steiner Nachlassverwaltung
Die Herausgabe besorgten Edwin Froböse und H. E. Lauer

10. Auflage 2021

Zeichnung auf dem Umschlag von Assja Turgenieff

Alle Rechte für die Texte von Rudolf Steiner
bei der Rudolf Steiner Nachlassverwaltung, Dornach

© 1957 Rudolf Steiner Nachlassverwaltung, Dornach
© 2021 Rudolf Steiner Verlag, Basel
Druck: Beltz, Bad Langensalza
ISBN 978-3-7274-5236-9

INHALT

Rudolf Steiner: Von den volkstümlichen Weihnachtspielen
Eine Christfest-Erinnerung 7

Zur Aufführung unserer volkstümlichen
Weihnachtspiele 13

Das Oberuferer Paradeis-Spiel 15

Das Oberuferer Christgeburt-Spiel 35

Das Oberuferer Dreikönig-Spiel 67

Rudolf Steiner: Einleitungschor zum Paradeis-Spiel
Faksimile 106

Marie Steiner: Geleitwort zur ersten Buchausgabe,
Weihnachten 1938 113

Anmerkungen des Herausgebers 115

Ansprachen und Vorträge Rudolf Steiners
zu den Weihnachtspielen 118

Szenische Angaben:
Rechts und links vom Darsteller

VON DEN VOLKSTÜMLICHEN WEIHNACHTSPIELEN
EINE CHRISTFEST-ERINNERUNG

Vor fast vierzig Jahren, etwa zwei oder drei Tage vor Weihnachten, erzählte mir mein lieber Lehrer und väterlicher Freund *Karl Julius Schröer* in seinem kleinen Bibliothekszimmer in der Wiener Salesianergasse von den Weihnachtspielen, deren Aufführung in Oberufer in Westungarn er in den fünfziger Jahren des neunzehnten Jahrhunderts beigewohnt und die er 1862 in Wien herausgegeben hatte.

Die deutschen Kolonisten dieser Gegend haben diese Spiele aus mehr westlich gelegenen Gegenden mitgebracht und ganz in alter Weise jedes Jahr um die Weihnachtszeit weitergespielt. Es sind in ihnen wahre Perlen des deutschen Volksschauspieles aus einer Zeit erhalten, die der allerersten Entstehung der modernen Bühne vorangegangen ist.

In Schröers Erzählung war etwas, das eine unmittelbare Empfindung davon erregte, wie vor seiner Seele im Anblick der Spiele ein Stück Volkstum aus dem sechzehnten Jahrhundert stand. Und er schilderte ja aus dem vollen heraus. Ihm war das deutsche Volkstum in den verschiedenen österreichisch-ungarischen Gegenden ans Herz gewachsen. Zwei Gebiete waren der Gegenstand seines besonderen Studiums. Dieses Volkstum und Goethe. Und wenn er über irgend etwas aus diesen beiden Gebieten sprach, dann teilte sich nicht ein Gelehrter mit, sondern ein ganzer Mensch, der sich der Gelehrsamkeit nur bediente, um auszusprechen, was ihn mit ganzem Herzen und intensivem Lebensinhalt persönlich damit verband.

Und so sprach er damals über die bäuerlichen Weihnachtspiele. Lebendig wurden aus seinen Worten die armen Leute von Oberufer, die jedes Jahr um die Weihnachtszeit für ihre Mitbewohner zu Schauspielern sich ausbildeten. Schröer kannte dieser Leute Art. Er hat ja auch alles getan, um sie kennenzulernen. Er bereiste das ungarische Bergland, um die Sprache der Deutschen in dieser Gegend Nordungarns zu studieren. Von ihm gibt es ein «Wörterbuch der deutschen Mundarten des ungarischen Berglandes» (1858); eine «Darstellung der deutschen Mundarten des ungarischen Berglandes» (1864). Man braucht nicht gerade eine Vorliebe für die Lektüre von Wörterbüchern zu haben, um von diesen Büchern gefesselt zu werden. Das äußere Gewand der Darstellung hat zunächst allerdings nichts Anziehendes. Denn Schröer sucht der wissenschaftlichen Art der Germanistik seiner Zeit gerecht zu werden. Und diese Art erscheint zunächst auch bei ihm recht trocken. Überwindet man aber diese Trockenheit und geht man auf den Geist ein, der da waltet, wenn Schröer Worte, Redensarten, Wortspiele und so weiter aus den Volksdialekten mitteilt: dann vernimmt man in wahrhaft anmutigen Miniaturbildchen Offenbarungen reinster Menschlichkeit. Aber man ist nicht einmal darauf angewiesen. Denn Schröer schickt seinen Wörterbüchern und grammatikalischen Aufzählungen Vorreden voraus, die weiteste kulturgeschichtliche Ausblicke geben. In Volkstümliches, das eingestreut in anderes Volkstum und innerhalb desselben im Untergange begriffen ist, verliebt sich eine selten sinnige Persönlichkeit und schildert es, wie man eine Abenddämmerung schildert.

Und aus dieser Liebe heraus hat Schröer auch ein Wörterbuch der Heanzen-Mundart des westlichen Ungarns geschrieben [1859] und eines der ganz kleinen deutschen Sprachinsel Gottschee in Krain [1870].

Es war immer etwas von einem tragischen Grundton da, wenn Schröer aussprach, was er empfand, wenn er hinblickte auf dieses untergehende Volksleben, das er in Form der Wissenschaft bewahren wollte.

Zur innigen Wärme steigerte sich aber diese Empfindung, als er von den Oberuferer Weihnachtspielen sprach. Eine angesehene Familie bewahrte sie und ließ sie als heiliges Gut von Generation auf Generation übergehen. Das älteste Mitglied der Familie war der Lehrmeister, der die Spielart von seinen Vorfahren vererbt erhielt. Der suchte sich aus den Burschen des Ortes jedes Jahr, wenn die Weinlese vorüber war, diejenigen aus, die er als Spieler für geeignet hielt. Ihnen brachte er das Spiel bei. Sie mußten sich während der Lehrzeit eines Lebenswandels befleißigen, der dem Ernste der Sache angemessen war. Und sie mußten sich treulich allem fügen, was der Lehrmeister verordnete. Denn in diesem lebte eine altehrwürdige Tradition.

In einem Wirtshaus waren die Aufführungen, die Schröer gesehen hat. Aber sowohl Spieler wie Zuschauer trugen in das Haus die herzlichste Weihnachtsstimmung hinein. – Und diese Stimmung wurzelt in einer echt frommen Hingebung an die Weihnachtswahrheit. Szenen, die zur edelsten Erbauung hinreißen, wechseln mit derben, spaßhaften. Diese tun dem Ernst des Ganzen keinen Abbruch. Sie sind nur ein Beweis dafür, daß die Spiele aus derjenigen Zeit stammen, in welcher die Frömmigkeit des Volkes so festgewurzelt im Gemüte war, daß sie durchaus neben naiver volkstümlicher

Heiterkeit einhergehen konnte. Es tat zum Beispiel der frommen Liebe, in der das Herz an das Jesuskind hingegeben war, keinen Eintrag, wenn neben der wunderbar zart gezeichneten Jungfrau ein etwas tölpischer Joseph hingestellt wurde oder wenn der innig charakterisierten Opferung der Hirten eine derbe Unterhaltung derselben mit drolligen Späßen voranging. Diejenigen, von denen die Spiele herrührten, wußten, daß der Kontrast mit der Derbheit die innige Erbauung bei dem Volke nicht herabstimmt, sondern erhöht. Man kann die Kunst bewundern, welche aus dem Lachen heraus die schönste Stimmung frömmster Rührung holt und gerade dadurch die unehrliche Sentimentalität fernhält.

Ich schildere, indem ich dies schreibe, den Eindruck, den ich empfing, nachdem Schröer, um seine Erzählung zu illustrieren, das Büchelchen aus seiner Bibliothek hervorgeholt, in dem er die Weihnachtspiele mitgeteilt hatte und aus denen er mir nun Proben vorlas. Er konnte darauf hinweisen, wie der eine oder der andere Spieler in Gesichtsausdruck und Gebärde sich verhielt, wenn er dieses oder jenes sprach. Schröer gab mir nun das Büchelchen mit (Deutsche Weihnachtspiele aus Ungarn, geschildert und mitgeteilt von Karl Julius Schröer, Wien 1858/62); und ich durfte, nachdem ich es durchgelesen hatte, ihn noch oft über vieles fragen, was mit der Spielart des Volkes und dessen ganzer Auffassung von dieser besonderen Weise, Weihnachten und das Dreikönigsfest zu feiern, zusammenhing.

Schröer erzählt in seiner Einleitung zu den Spielen: «In der Nähe von Preßburg, eine halbe Stunde Weg zu fahren, liegt auf einer Vorinsel zur Insel Schütt das Dörfchen Oberufer, dessen Grundherrschaft die Familie Palfy ist. Die katholische sowohl wie die protestantische Gemeinde daselbst gehören als Filialen zu Preßburg und haben ihren Gottesdienst in der Stadt. Ein Dorfschulmeister für beide Gemeinden ist zugleich Notär, und so sind denn in einer Person alle Honoratioren des Ortes vereinigt. Er ist den Spielen feind und verachtet sie, so daß dieselben bis auf unsere Tage unbeachtet und völlig isoliert von aller ‹Intelligenz› von Bauern ausgingen und für Bauern aufgeführt wurden. Die Religion macht dabei keinen Unterschied, Katholiken und Protestanten nehmen gleichen Anteil bei der Darstellung sowohl als auch auf den Zuschauerplätzen. Es gehören die Spieler jedoch demselben Stamme an, der unter dem Namen der *Haidbauern* bekannt ist, im 16. oder zu Anfang des 17. Jahrhunderts aus der Gegend am Bodensee (Schröer stellt in einer Anmerkung das nicht als ganz gewiß hin) eingewandert und noch 1659 ganz protestantisch gewesen sein soll... In Oberufer ist nun der Besitzer der Spiele seit 1827 ein Bauer; er hatte schon als Knabe den Engel Gabriel gespielt, dann von seinem Vater, der damals ‹Lehrmeister› der Spiele war, die Kunst geerbt. Von ihm hatte er die Schriften, die auf Kosten der Spieler angeschafften und instand gehaltenen Kleidungen und anderen Apparat geerbt, und so ging denn auch auf ihn die Lehrmeisterwürde über.» – Wenn die Zeit zum Einüben gekommen ist, «wird abgeschrieben, gelernt, gesungen, Tag und Nacht. In dem Dorfe wird keine Musik gelitten. Wenn die Spieler über Land gehen, um in einem benachbarten Ort zu spielen, und es ist Musik da, so ziehen sie weiter. Als man ihnen zu Ehren in einem Orte einmal die Dorfmusikanten aufspielen ließ, fragten sie entrüstet: ob man sie für Komödianten halte?... Die Spiele dauern vom ersten Advent bis heiligen Dreikönig. Alle Sonntag und Feiertag wird gespielt; jeden Mittwoch ist eine Aufführung zur Übung. An den übrigen Werktagen ziehen die Spieler über Land auf benachbarte Dörfer, wo gespielt wird... Ich halte die Erwähnung dieser Umstände deshalb für wichtig, weil aus ihnen ersichtlich wird, wie auch gegenwärtig noch eine gewisse Weihe mit der Sache verbunden ist.»

Und wenn Schröer über die Spiele sprach, so hatten seine Worte noch einen Nachklang von dieser Weihe.

Ich mußte, was ich damals durch Schröer aufnahm, im Herzen behalten. Und nun spielen Mitglieder der Anthroposophischen Gesellschaft seit einer Reihe von Jahren zur Weihnachtszeit diese Spiele. Während der Kriegszeit durften sie sie auch den Kranken in den Lazaretten vorspielen. Wir spielen sie auch seit Jahren um jede Weihnachtszeit im Goetheanum in Dornach. Auch dieses Jahr wird es wieder so sein. Es wird, soweit das bei den veränderten Verhältnissen möglich ist, streng darauf gesehen, daß Spielart und Einrichtung dem Zuschauer ein Bild geben, wie es diejenigen vor sich hatten, die im Volksgemüt diese Spiele festgehalten und als eine würdige Art, Weihnachten zu feiern, angesehen haben.

Weihnachten 1922 *Rudolf Steiner*

[«Das Goetheanum», 24. Dezember 1922]

ZUR AUFFÜHRUNG UNSERER
VOLKSTÜMLICHEN WEIHNACHTSPIELE

Im letzten Hefte dieser Wochenschrift habe ich mitgeteilt, wie die deutschen Weihnachtspiele, die jedes Jahr im Goetheanum in Dornach aufgeführt werden, mir bekannt geworden sind. Diese Aufführung gibt Szenen wieder, die durch Karl Julius Schröer mitgeteilt sind. Nur in *einem Falle* habe ich in diesem Jahre versucht, durch eine kleine Hinzufügung gegen den Grundsatz zu handeln, nur mündlich oder schriftlich in der Überlieferung Erhaltenes zu bringen. Etwas besonders Charakteristisches bei diesen Spielen war, daß die Spieler, bevor sie den Inhalt des Dargestellten vorführten, schon als eine Art Chor vor ihre Zuschauer traten. Solches Chormäßige tritt ja auch, den Fortgang der Handlung unterbrechend, an vielen Stellen der Stücke auf. Im überlieferten «Sterngesang», welcher der Darstellung des «Christi-Geburt-Spieles» voranging, ist ein Einleitungschor erhalten, in dem die Spieler alles das begrüßen, zu dem sie sich, bevor sie mit der Darstellung beginnen, in ein herzliches Verhältnis setzen möchten. Sie grüßen da alles, was ihnen in dem für sie wichtigen Augenblicke seelisch naheliegt: von der heiligen Dreifaltigkeit, von den einzelnen Kategorien der Zuschauer bis zu den «Hölzelein» ihres Sternes, den der Sternsinger trägt. – Es ist mir nun gewiß, daß ein solcher Einleitungschor ursprünglich auch dem ersten der Spiele, dem «Paradeis-Spiel», vorangegangen ist und daß dieser dem Sterngesang des «Christi-Geburt-Spieles» ganz ähnlich in der Form der Vorstellungen gewesen ist. Ich habe nun den Versuch gewagt, auch vor dem

Paradeis-Spiel einen solchen Einleitungschor* zu geben, weil ich glaube, damit, aus dem Geiste der Überlieferung heraus, etwas hinzustellen, was annähernd so vorhanden war, wenn auch die mündliche und schriftliche Überlieferung es verloren hat. Die Empfindungen des «Sterngesangs» zum Geburtspiel müssen da, etwas anders, zu finden sein.

[«Das Goetheanum», 31. Dezember 1922]

* Seiten 17–19

DAS OBERUFERER PARADEIS-SPIEL

Die Companei: der Baumsinger, der Engel Gabriel, der Herr, Adam, Eva, der Teufel, tritt ohne Gesang auf.

DER BAUMSINGER spricht:

 Ir liabn meini singa kummt's freindli her,
Is g'schicht heunt zu engerer greßten freid und
Is sitzt vor eng dö gånzi ehrsami gmoan, [er.
Dö wüll eng fleißi a wail wol hören ån.
Drum stellt's eng um mi in ana scheib'n;
Den leut'n sollts dö wail mit singa vertreib'n.
Ir liabn meini singa måchts frumi aug'n,
Daß si dö leut recht guat erbau'n,
Und schaut's, daß enga singa is guat,
Und herzli enga stimm' und wurt.
Erst oba woll'n ma dö grüaß'n ålle,
Dö si heunt hob'n eing'fund'n in dem saale.
Grüaß'n ma God Voda im hechsten thron;
Und grüaß'n ma a sei einiga Son;
Grüaß'n ma a dazua den haligen Geist,
Der unsern söln dö wahren wege weist;
Und grüaß'n ma dö gånzi halige Dreifaltigkeit;
Den Voda, den Son und den Geist in da einig-
           [keit.

Adam und Eva gehen auf die Bühne.

Grüaß'n ma Adam und Eva im garten drein,
In den ma ålli a gern mecht'n herein.

Und grüaß'n ma ålli baam und tiralein,
So vül als in dem paradeise sein;
Und grüaß'n ma a gånz fein
Dö wunderschen groß'n und kloan vegalein;
Grüaß'n ma a dös gånzi firmament,
Dös der liab Hergod hot g'setzt ans wöltenend. —
Grüaß'n ma dö ehrenfesten amtsleut;
Grüaß'n ma den master heunt wia ållzeit.
Grüaß'n ma a dö geistlinga herrn,
Oni dö ma ka g'spül derf'n lern.
Grüaß'n ma den gmoaherrn ehrenfest
Mit seina gånz'n beschwerd auf's ållerbest;
Denn dö hot der liab Hergod b'stellt,
Wail's eam so gar so guat g'fällt. —
Und noa, meini liab'n singa, stimmt's noamal
In da mitt'n tuat a baam stan, [ån:
Von dem derf ka mensch ess'n nit,
Wonn ar will holt'n d'rechte sitt;
Den baam woll'n ma a grüaß'n ån,
Und ålli früacht, dö hängent dran.
D'Eva, dö bösi, dö hot gessen davon,
Und a da Adam, da dummi mån.
Da wurdens vo God verstoß'n;
Dös woll'n ma uns g'sogt sei låss'n. —
Nur den teifül woll'n ma ja grüaß'n nit,
Vor den uns da liabi God b'hüat;
Ma woll'n ean an schwanz zupfa
Und eam ålli hoar ausrupfa. —
Ir liab'n meini singa hobt's ålli g'hert,
Wås si im paradeis dereinst bekert. —
Nu grüaß'n ma a unsern lehrmaster guat
Und grüaß'n ma a den guaten muat,
Mit dem ar unseri grob'n stimma

Fein, oni vül schläg håt richtn kinna. –
So, meini liab'n singa hobt's g'hert,
Wos enger olter freind von eng begehrt.

DIE COMPANEI beginnt ihren Umgang im Saal und singt:

> Singa wüll i aus herzens grund,
> Weils gibt das gemüete mei,
> O Herr, gib mirs in meinen mund,
> Das kummt zum lobe dei;
> Denn du bist do mei God,
> Red i an ållen spot,
> Der ålle ding erschåffen håt
> Und regiert nach seinem rat;
> Nun preiset imer God.
> A baama in der mitten stot,
> Der trug gar kestliche fricht;
> Den in verbot der liabe God:
> Sie sollen davon nicht
> Essa von baames stam,
> Sollten fei müßig gan.
> Der baam sollt sei das leben,
> Darum wüll God nit håben,
> Daß sie essa davon.

Die Companei setzt sich auf die Bänke seitwärts vor der Bühne. Der Engel geht auf die Bühne. Der Baumsinger tritt vor der Bühne unten vor den Engel und macht alle Buckerln des Engels mit.

DER ENGEL GABRIEL spricht:

> I tritt herein ahn ållen spot,
> An schen guaten åbend geb eng God,
> An schen guaten åbend, a glücksölige zeit,
> Die uns der Herr vom himel geit.

Ersame, wolweise, großgünstige herrn,
Wia a tugendsame fraun und jungfraun in ållen
Bitt, wellt's eng nit verdriaßn lan,   [ern,
A kloani wail uns z'heren an,
Nämli von Adam und Eva weis,
Wia's wurden g'schlågen aus'm paradeis.
Drum wann ir's wollt hern in guater rua,
Schweigt stüll und hert uns fleißi zua.

Der Engel geht von der Bühne herunter und holt die Companei zum Umgang ab.

DIE COMPANEI singt wieder:

>Wie küel scheint uns der morgen,
>Die sunna leit verborgen.
>>God loben ma schon
>>Im hechsten thron.

>Ma kuma daher von Babylon,
>Und singan eng ålli mit freiden ån.
>>God loben ma schon
>>Im hechsten thron.

>Als God in seiner herrligkeit schwebt,
>Erschuf er ålles, wås da lebt.
>>God loben ma schon
>>Im hechsten thron.

>Ja, ålli tiere zam und wild,
>Danach erschuf er des menschen bild.
>>God loben ma schon
>>Im hechsten thron.

Im ånfang schuf God ålli ding,
Die erd und a den himmelring,
   God loben ma schon
   Im hechsten thron.

A schuf God das gånzi firmament,
Darauf zwoa großi liachter stend.
   God loben ma schon
   Im hechsten thron.

Oans is der tag, das ander nåcht,
Das hat God ålles gar wol gemåcht.
   God loben ma schon
   Im hechsten thron.

Er schuf den Adam mit ganzem fleiß
Und setzt ihn in das paradeis.
   God loben ma schon
   Im hechsten thron.

Der Baumsinger bleibt vor der Bühne. Der Herr geht an seinen Thron. Adam steht links von ihm. Die Companei stellt sich im Hintergrund der Bühne auf.

DER HERR: Adam, nim an den lebendigen atem,
Den du empfangest mit dem datem.
Nim an vernunft, dabei betråcht,
Daß i di hob aus erden g'måcht. –
Nu, Adam, fange an z'lebn
Und tritt auf deine füeße ebn.
Sag an, Adam, wia gfållt si dir,
Die neue welt mit ir schmuck und zier?
Verwundert di nit der erden gånz?
Oder der schene sunna glånz?

              Oder des firmaments gwålt?
              Sag an, Adam, wia's dir gfållt,
              Denn i's von herzen gerne wüeßt.

ADAM: O Herr, es is aufs ållerbest,
              Was schuf dei gettli majeståt.
              Mi schuf a dei gettlicher råt,
              Daß i erkenn mei hechstes guat,
              Und waß aus meines herzens muat,
              Nå dein gettlichen wülln z'lebn –
              Denn du håst mi erschåffa ebn
              Auf erdn nach dein bildnuß zier.

DER HERR: Adam, nim woar recht ålle tier.
              Denk mål, die gib i dir iatzt in dei gwålt,
              Daß sie dir dienen manigfalt,
              Samt dem gebirg, der erd und kliften,
              A samt den vegerln in den liften,
              Wia a den fischen in wassers strom,
              Dös is mei g'schepf hier allz'såm.
              I toal mit dir mei regament,
              A herr sullst hoaßn ewi g'nennt.
              Im goarten sullst håb'n weiten raam,
              I gib dir gwålt über ålli baam;
              Daron do vül schen frichterln hanga,
              Die mågst du essa na dein verlanga,
              Dir z'ana kostboarlichen speis
              Allhier wol in dem paradeis. –
              Do wüll i allmächtiger God
              Dir gebn nur an anzigs g'bot:
              Nämli vom baam des bes-und-guat,
              Der in der mittn wåchsa tuat,
              Der is der best, steht in der mitt,

Von dem sollst du jå essa nit. –
Wirst du di aber do vermessa,
Von dem verbottna baam z'essa,
So sollst des ewing todes sterbn,
Pletzli hernach wol goar verderbn. –
Hierbei mirk, dåß i bi dei God,
Der dir das lebn und a den tod
Håt gebn – und kånns a wieda nema.

DIE COMPANEI singt:

Adam erkennt seinen schepfer ebn,
Der alls und jedes hot gegebn.
    God loben ma schon
    Im hechsten thron.

Er gab ihm ålli früecht mit fleiß
Ållhier z'aner köstlichen speis.
    God loben ma schon
    Im hechsten thron.

Nur an baam, der wird ausgenumma,
Daß er nit sullt zu schaden kumma.
    God loben ma schon
    Im hechsten thron.

Der baam sollt wissen bes und guat,
God spricht: das behalt in deinem muat.
    God loben ma schon
    Im hechsten thron.

God ließ fallen a schlåf so tief
Wol auf den Adam, und er schlief.
    God loben ma schon
    Im hechsten thron.

A rieben nahm er aus Adams leib,
Daraus schuf er Adam a weib.
> God loben ma schon
> Im hechsten thron.

Wenn sie gesungen haben, sitzt der Herr auf dem Stuhl und Adam kniet vor ihm nieder, als ob er schliefe.
Eva ist beim letzten Umgang hinter dem Baum stehengeblieben.

DER HERR: A rieben nim i aus Adams leib,
Draus schåff i dir, Adam, a weib.

Der Herr zieht bei seinen Worten eine Rippe aus Adams Leib. Dann schreitet er hinter den Baum und führt Eva an der Hand vor Adam.

Adam, erwach und bald aufsteh,
Hier hast du deinesgleichen zur eh. –
Sie ist zugleich aus deinem leib,
A mitgehilfin, sie ist dei weib,
Sie ist zugleich aus deinem rieben,
Drum sullst du sie a büllich liaben.
Mei engel beschitz eng auf ållen wegn.
Über eng sei ålli zeit mei segn.
Mert eng, seid fruchtboar, erfüllt die erdn,
Wås ihr bedurft, das sull eng werdn,
Bleibt nur in mein gehorsam ållzeit. –

ADAM: O Herr, dazua bin i bereit,
Denn du host mia jetzund gebn
Åll creatur, dazua a mei lebn.

Alle verneigen sich. Der Herr tritt zur Companei.

Siach an, Eva, wia liablicher weis
Is hier z'wohnen im paradeis,

Wölches uns der liab Herr God hot gebn,
An åll müh und arbeit z'lebn.
Und haben nur an anzig's gebot,
Wölches uns gebn håt unser God.
Ei, her nur die vegerln singa
Und siach die tierln herumspringa.
Vül schene baam an maßen
San hier uns überlåssen,
Davon z'essa, wo ma wolln.
Nur an baam ma meidn solln;
Der ist der best, steht in der mitt,
Davon solln ma ja essa nit.
Und so ma uns wern vermessa,
Von dem verbottna baam z'essa,
Solln ma des ewing todes sterbn,
Pletzli hernach wol goar verderbn.
Hierbei erkenna ma unsern God,
Der uns das lebn und a den tod
Håt gebn – und kanns a wieda nema.

DIE COMPANEI singt:

Sie waren nun vol herrligkeit,
Ålls war zu ihrem dienst bereit.
    God loben ma schon
    Im hechsten thron.

Alsbald der teufel es inne war,
Kam er hamli geschlichen dar.
    God loben ma schon
    Im hechsten thron.

In aner schlangen weise
Wol in das paradeise.
    God loben ma schon
    Im hechsten thron.

Adam und Eva wandeln umher und schauen das Paradies an.

Der Schwarzengel tritt ein und spricht:

TEUFEL: I kumm herei ins paradeis
G'schlichen in aner schlangen weis.
God hot erschåffa zwo person
Und hot s' geziert so wunderschon,
Un hot s' g'setzet in sei haus:
Aber i wüll schaun, wia i s' bring heraus.
Drum kumm i in das paradeis;
I richt's, daß s' essa von der speis.
Warum von den andern frichten ålln
Derfens essa nach irn wolgefalln?
Und vun diesem baum allei
Sull die frucht verbottn sei?
Adam, iß du vun der frucht reich,
So wirst du deinem Herrn gleich.
Drum, rosichi Eva, nimm den apfel zu dir
Und iß ja nach deins herzens begier
Und gib dem Adam a davon.

DIE COMPANEI singt stehend:

Sie brach den apfel von dem zweig
Und gab ihn z'essa Adams weib.
    God loben ma schon
    Im hechsten thron.

EVA: I bi dei weib, und du mei mån.
I bitt, schau nur den baamer an:
Er trågt die ållerschenste frucht,
Desgleichen hob i nia versuacht. –
I wüll ihn kosten, wiar er schmeckt.

Eva geht zum Baum. Der Teufel pflückt einen Apfel und reicht ihn Eva mit listiger Gebärde.

So i die woarheit sågen soll,
Schmeckt mir die frucht von herzen wol. –
I bitt, du wellst a kosten ihn,
Håst du mi liab? – so nim ihn hin.
Er schmecket so fürtreffli wol.

ADAM: So i den apfel essa soll,
So iß i ihn durch deine bitt,
Um meinethalben iß i ihn nit.

Adam beißt in den Apfel. Die Bühne verdunkelt sich. Adam schmeißt den Apfel weg.

Oh, wia is mei gmüat verwandelt!

DIE COMPANEI singt:

Sie gab dem Adam a davon,
Da wurden seine augen aufgetån.
    God loben ma schon
    Im hechsten thron.

Und als er aße zu der stund,
Da ward die ganze welt verwund't.
    God loben ma schon
    Im hechsten thron.

Nach dem Umgang der Companei bleiben Adam und Eva hinter dem Baume stehen. Der Schwarzengel tritt auf mit einer Kette.

TEUFEL: I bin der eh'teufel genannt,
Den eh'leuten bin i gar wol bekannt.
I gib den eh'leuten ihren sin,
I sprich, es sei goar gering:
Der mån soll si derhenka,
Das weib sull si dertränka,
Damit kummans ir marter ab,
Bei mir in der hölln håbens ir grab.
Gleiwiar i Adam und Eva hob betrog'n
Und hob ihna beide vorgelog'n,
Daß sie hobn brochn Godes gebot
Und g'essa, was ihna God verbotten hot.
O recht, o recht, eim solchen råtzen!
An solchen apfel gib i nit um an batzen.
Hätten Adam und Eva kletzen gfress'n,
's wär ihna tausendmal nützer gwes'n.
Durch meine list und frotzerei
Hob i sollichs zu wega bråcht frei.

Der Teufel holt das Schwert und gibt es dem Herrn.

ADAM: Oh, wia is mei gmüat verwandelt!
O weib, i hob sehr übel ghandelt,
Daß i hob gfolget dir.
Iazt siach i das bloße schwert vor mir:
Bin gänzli nacked und a bloß.
O weib, ma hobn uns versindigt groß.

Der Herr tritt ein.

DER HERR: Adam, wo bist? Kumm her zu mir!

ADAM: O Herr, hier bin i.
Vor deine augen schaam i mi.

DER HERR: Warum schaamst du di?

ADAM: Weil i hob dei gebot gebrocha.

DER HERR: Maanst, dös bleib dir ungerocha?
Dieweil i dir den baam alloan verbot?
Sag an, Adam, wer dirs g'hoaßn hot.

ADAM: O Herr, i schwer bei mein lebn,
Die Eva, die du mir zum weib host gebn,
Die gab mir solche frucht z'essa:
Jå, hätt i mi des nit vermessa.
An apfel sie vom baame brach
Und biß darein, daß i es sach,
Und brach also dei gebot.
Von stund an kummst du, Herre God.

DER HERR: Wo ist dås weib, die dös hat tan?

ADAM: O Herr, hier tuat sie unterm baame stan.

DER HERR: Eva, sag an,
Warum håst du das getan?

EVA: Och, Herr, die schlang hot mi dazue verhetzt,
Auf daß i hob all zu der letzt
Gessn von dem vabottna baam.
Och Herr, dös woll ma nit mer tan.

DER HERR: Engel Gabriel, wo bist? Kumm her zu mir!
Das bloße schwert, das gib i dir,
Auf daß du Adam und Eva weis
Sullst schlågen aus dem paradeis:

Durch mei gwålt, kraft und er,
Darein sie kumma nimmamehr.

DIE COMPANEI singt:

Es kam a engel also weis
Und schlug sie aus dem paradeis.
   God loben ma schon
   Im hechsten thron.

ENGEL: I hob empfanga a gebot
Wol von dem allerhechsten God,
Daß i Adam und Eva weis
Sull schlågen aus dem paradeis.

Der Engel neigt sich mit dem Schwert zu Adam und Eva.

So geht nun aus dem paradeis
Und baut das föld mit ållem fleiß.
Und du, adam, mit angst und not
In schwaaß gewinna sullst dei brot.
Und du, Eva, mit schmerzen
Sullst kinder gebärn unterm herzen.

EVA: Och weh mir oarmen frauen,
Sull i des ölend bauen! –
Mueß es denn sein, so well mers wågen,
Uns God dem ollmächtigen befohlen håben
Und folgen gänzli seiner ler.

ADAM: Mei liabes weib, so kumm nur her.
Åch God, wann sulln ma kumma wieda?
I bitt, mei God, ruaf uns bald wieda!

ENGEL: So geht nun aus dem goarten nieda,
I wüll eng langsam ruafen wieda.

EVA: I bitt, mei God, du wellst mi nit verlåßn.

ENGEL: Eva, du sullst ka zwoafi fåßn,
Folg deinem mån, erziach dei kind,
So verzeicht dir God åll deini sind.

DIE COMPANEI singt:

Also ward Adam und Eva weis
Geschlåg'n aus dem paradeis.
God loben ma schon
Im hechsten thron.

Also ward Adam und Eva weis
Geschlåg'n aus dem paradeis.
God loben ma schon
Im hechsten thron.

Der Herr setzt sich auf seinen Thron.

Der Schwarzengel tritt ein und spricht:

TEUFEL: I hob die zwo person betroga,
Hob's aus'm paradeis geloga:
Oba i wüll schaun, wo i s' kann finden,
Wüll s' glei mit meinen kedn zambintn.

Der Schwarzengel bindet Adam und Eva in die Ketten, bringt sie vor den Herrn und spricht:

Herr Richter, i schrei rach und zeter
Über Adam und Eva, die zween übeltäter.
Weil s' hoben dei gebot gebrocha,
I waß, es bleibt nit ungerocha.

Denn sie sind g'stoßn in d' sindlichi welt,
Wölches mir treffli wolgefällt.
Da bin i tag und nacht dabei,
Wo ållezeit unglick vorhandn sei.
Da blås i hintn und vorna zua,
Bei mia in der hölln hobn s' ka rua.
I wüll glei tapfer hitzn,
Daß sie mit mia zuglei schwitzn.
I wüll sie bindn mit kedn und band
Und niemand sull's mia reißn aus der hand.

DER HERR: Påck di weg, Satan, du hellenhund,
Woaßt nit, was für schändli wort
Du håst låßn aus deim mund.
Staub und erdn sull dei speis sei,
Und gegen der andern tiere brauch
Sullst du fortkriacha auf deim bauch.

Der Teufel fällt platt auf den Bauch.

Siach hier, wie is Adam worden so reich:
Einem Gode is er worden gleich.
Er waß das bes und a das guat,
Da er sei händ aufhebn tuat
Und lebet danach ewiglich.

Kleine Pause. Der Teufel richtet sich wieder auf. Die Companei ordnet sich zum Schlußgesang mit dem Baumsinger an der Spitze.

DIE COMPANEI singt:

O hoalige Dreifaltigkeit,
O gettlich regament,
Den tod, teufel und a die hell,
Die håst du åll zertrennt.

Und håst das ewige lebn
Uns ålle wieda gebn.
Sei hochgelobt in ewigkeit!
God, der åll unser gedanka woaß,
Er wüll uns sei reich geben.

Die Companei setzt sich wieder vor der Bühne. Der Engel
übergibt das Schwert dem Herrn; darnach geht er auf die
Bühne. Der Baumsinger vor der Bühne wie beim Eingang
macht wieder alle Buckerln des Engels mit.

DER ENGEL spricht:

Ersame, wohlweise, großginstige herrn,
Wia a tugendsame fraun und jungfraun in ållen
Bitt, wellts uns nit vor übel han,   [ern,
Wail ir unser gspül hobt ghöret an,
Wia God olli ding erschåffen hot,
Die menschen nach seim gettlichen rat,
Hot's erschåffa nacked und bloß
Nach seim ebenbüld aus an erdenkloß.
Und hot sie in das paradeis gesetzt,
Oba die schlang hot Adam und Eva verhetzt,
Daß sie håbn brocha Godes gebot
Und gessa, was ihna God verbottn hot,
Und hobn also Godes gebot übertret'n,
Dadurch sein's kumma in angst und net'n,
A letztli verdammt zum ewign tod.
Bis aus gnåd der barmherzige God
Seinen eingeborn Son håt in die wölt
Gesandt als lösegöld...
Wellts uns zum oargen nit auslegn,
Sondern unserm unverstand die ursach gebn,

Wann ma etwas gefölet hier,
Und nit gehålten die rechte zier,
Sondern a jedweder das best beträcht,
So wünschn ma von God, dem allmächtigen,
A guete nåcht!

Die ganze Companei geht auf die Bühne in der Reihenfolge:
der Engel, der Herr, der Baumsinger, Adam, Eva, der Teufel, und bedankt sich.

DAS OBERUFERER CHRISTGEBURT-SPIEL

Die Companei: der Sternsinger, der Engel Gabriel, Maria,
Joseph, der Wirt Rufinus, der Wirt Servilus, der Wirt Titus,
die drei Hirten Gallus, Stichl, Witok und der vierte Hirt,
Crispus, hält ihren Einzug und singt:

DIE COMPANEI:

Unsern eingang segne Gott,
Unsern ausgang gleichermaßen,
Segne unser täglich brot,
Segne unser tun und lassen.
Segne uns mit sel'gem sterben
Und mach' uns zu himmelserben.

DER STERNSINGER spricht:

Ir liabn meini singa samlet eng zsam
Gleiwia die kråpfen in der pfann.
Ir liabn meini singa trets zsam in a scheibn,
Ma wölln uns de wail mit singa vertreibn.
Ir liabn meini singa fangts tapfer ån.
Zu grüaß'n wölln ma's heben ån.
Grüaß'n ma God Voda im hechsten thron
Und grüaß'n ma a sein einiga Son;
Grüaß'n ma a dazua den haligen Geist mit nama
Und grüaß'n ma's ålli drei zsamma.

Joseph und Maria gehen auf die Bühne.

Grüaß'n ma Joseph und Maria rein,
Und grüaß'n ma das kloane kindalein.
Grüaß'n ma a ochs und esulein,
Wölche stehn bei dem krippalein.
Grüaß'n ma sie durch sunn und mondenschein,
Der leucht't übers meer und über den Rhein.
Grüaß'n ma sie durch laub und gras,
Der halige regen måcht uns und eng ålli nåß.
Grüaß'n ma den kaiser mit der kron,
Grüaß'n ma den master, der's machen kån.
Grüaß'n ma a dö geistlinga herrn,
Wail's uns erlaubt hobn, des g'spül z'lern.
Grüaß'n ma den herrn richter mit seiner
Denn sie san der eren wert.   [beschwörd,
Und grüaß'n ma die gånzi ersame gmoan,
Ålli, wie sie hier vasammelt san.
Grüaß'n ma den gånzen ersamen råt,
Wia sie God dazua verurdnet håt.
Grüaß'n ma sie durch ålli würzalein,
So vül als in der erden sein.
Ir liabn meini singa, fangt's ånders ån,
Den stern zu grüaß'n wölln ma's heben ån.
Grüaß'n ma unser sternstanga,
Daran unser stern tuat hanga.
Grüaß'n ma unser sternschar,
Daran unser stern umanand fart,
Grüaß'n ma a ålli hölzalein,
So vül als in dem sterne sein. –
Ir liabn meini singa, håbt's mi wol vernumma,
Daß ma den stern håm ångsunga.
Grüaß'n ma unsern mastersinger guat,
Und grüaß'n ma den mastersinger sein huat.
Grüaß'n ma a unsern lermaster in der tåt,

Wail er uns mit der hilf Godes geleret håt.
Ir liabn meini singa, håbt's mi wol vernumma,
Daß ma dös ålls håbn ångsunga.

Die Companei setzt sich auf die Bänke seitwärts vor der Bühne. Der Engel Gabriel geht auf die Bühne und spricht:

ENGEL: I tritt herein ahn ållen spot,
An schen guaten åbend geb eng God,
An schen guaten åbend, a glücksölige zeit,
Die uns der Herr vom himel geit.
Ersame, wolweise, großginstige herrn,
Wia a tugendsame fraun und jungfraun in ållen
Bitt, wellt's eng nit verdriaßn lan,   [ern,
A kloane wail uns z'heren an.
Was ma eng iatzt wird bringa vur,
Is nit von uns erdichtet nur,
Is a von heiden nit erdåcht,
Sondern aus der haligen schrift vollbråcht:
Nemli von der geburt unsers Herrn Jesus Christ,
Die uns zum trost gschechen ist.
Drum wann ir's wollt hern in guater rua,
Schweigt stüll und hert uns fleißi zua.

Die Companei hält ihren Umzug und singt:

DIE COMPANEI:

Als der gütige God
Vollenden wollt sein wort,
Sant er an engel schnell,
Mit namen Gabriel
Ins galiläische land
In die stadt Nazaret,

               Da er a jungfrau het,
               Wird Maria genannt,
               Josef nie hat erkannt,
               Dem sie vertrauet war.

       Die Companei zieht ab, nur Maria bleibt zurück.

       Der Engel Gabriel tritt aus dem Hintergrund der Bühne auf,
       bleibt vor der Jungfrau stehen und spricht:

ENGEL: Gegrüaßet seist du, holdsölige!
               God der Herr ist mit dir!
               Denn du bist gebenedeit unter den weibern!
               Denn du wirst schwånger werdn
               Und an son gebern,
               Des nåma sullst du Jesus haßen! –
               Und er wird a herr sein über sei volk ewigli.

MARIA: Wia sul dös zuagahn,
               Sintemålen i von kanem månne waß?

ENGEL: Siach, i bin der engel Gabriel,
               Der dir verkünd't:
               Die kraft des Allerhechsten wird di über-
                                              [schatten,
               Darum a das hoalige, das von dir geboren wird,
               Wird Godes son genennet werdn.
               Und siach, Elisabethe, dei freindin,
               Is a schwånger mit an son in ihrem alter
               Und geht schon im sechsten monat,
               Die im gschrei is, daß sie unfruchtboar sei;
               Denn bei God san ålli dinge mögli.

MARIA: Siach, i bin des Herrn mågd,
Mir gschiach, wia du håst gsågt.

Der Engel ab, Maria folgt.

Die Companei hält ihren Umzug. Alle singen:

DIE COMPANEI:
Weil Maria schwanger ging
Zu Augusti zeiten,
Da die prophezeiung ging,
Niemand durfte streiten,
Ward vom kaiser angesatzt,
Daß a jeder werd geschatzt,
Dös ward ina geboten.
Da ging jedermann zum urt
Und zur stadt seiner geburt,
Ward gehorsam g'funden.

Kaiser Augustus leget an
Die erst schatzung auf jedermann,
Da macht sich Joseph auf die fart
Mit Maria, der jungfrau zart.
Von Nazaret ins jüdisch land
In sein stadt, Bethlahem genannt.
Wia sie nun kumma gen Bethlahem dar,
Maria ihr sönalein gebar.

Alle ab. Zurück bleiben nur Maria und Joseph, welcher spricht:

JOSEPH: Kaiser Augustus håt a gebot getån,
Es sull schåtzen sich låssen a jedermån,
Bei stråf åll häupter insgemein
Zur zahlung des tributs bereit sulln sein.

Wail nun åll göld in meiner hand
Zu unserer notdurft ward angwant,
Ka groschen zur zeit in meiner måcht,
Solchs ölend sei leider God geklågt.
Waß a ka mittel, göld zu bekumma.
Mei kräftn håben abgenumma.
Dös handwerk i weiter nit waß z'üaba,
Wölches mi schmerzli tuat betrüeba,
Do wüll i den tribut entrichta,
Mit des Augustus wüllen schlichta.

MARIA: O Joseph gebt's eng a weng zur rua,
An freind wüll i ansprechn morgn frua,
Das göld zur schatzung borgn,
Seid diesfalls ahne sorgn.

JOSEPH: Maria, wer håt das göld so vül,
Der dir die summ vorstrecka wüll?
's göld mangelt an ålli enda.
God woll unser såch zum bestn wenda.

MARIA: Andre mittel san nit z'findn.
Låß das echslein uns anbindn
Und mitfürn nach Bethlahem in die stådt,
Wohin uns Augustus beschiedn håt,
Es um büllige bezahlung verkaufa,
So mag's noch guat ablaufa.

JOSEPH: So ma das echslein zur schatzung gebn,
Wovon erhålta ma waiter das lebn?
Woran i gesetzt åll hoffnung und hail,
Soll i sollichs ausbüten fail?

Do wo zwa zur schatzung san zu gebn,
Ist dös kloanste davon zu erwegn.
Maria, das esulein bring herbei,
I wüll mit dem echslein nit weit von dir sei.

Maria und Joseph machen sich auf den Weg.

Die Companei hält den Umzug und singt:

DIE COMPANEI:
>Wail Maria schwanger ging
>Zu Augusti zeiten,
>Da die prophezeiung ging,
>Niemand durfte streiten,
>Ward vom kaiser angesatzt,
>Daß a jeder werd geschatzt,
>Dös ward ina geboten.
>Da ging jedermann zum urt
>Und zur stadt seiner geburt,
>Ward gehorsam g'funden.

Die Companei zieht ab. Die Wirte lösen sich von ihr und ziehen sich zurück. Joseph und Maria bleiben.

MARIA: So ma nun kumma in die stadt hinein,
Wo binden ma hi ochs und esulein?

JOSEPH: A wirt ållda mir wolbekånnt,
Mit nåma Rufinus genannt,
Bei dem ma wellen keren ein
Und einstölln ochs und esulein.

MARIA: So uns andere mechten vorkumma
Und dös logament hättn eingnumma?
Diewail vül volk sonder zal, måß und weis
Jetzund nach Bethlahem zueraist.

JOSEPH: Schau an, die stadt tuat si fast nahn,
Låß uns dös viech a weng jagn,
Dåß nit gespirret wird dös tor
Und ma über nåcht müaßn bleibn davor.

MARIA: O Joseph, ailet do nit so sehr,
Der gang, der kummt mir an zu schwer;
Von eis ist vül zu glatt die ban,
A bständing fåll zu besorgn i han.
Mei glider san von der költen eingnumma,
I fürcht, es mecht mir sehr übel ankumma.

JOSEPH: Åbends wölln ma die glider erweichn
Und mit woarmen tüechern bestreichn.

Pause.

Maria, jetzo i bei dem wirtshaus bi,
Da i verhieß di zu füren hi.

Joseph klopft dreimal mit seinem Stab auf den Boden.
Der Wirt kommt.

JOSEPH: Grüaß God, Rufin, mei guata freind,
Kennt ihr uns nit beherbergn heint?
Ma sån ser matt von långer ras,
Wia a an jeder wåndersman wol waß.
Die luft uns heftig håt zuagsetzt,
Mit schärfen die gsichter abgwetzt.

WIRT RUFINUS:
Mei freind, wo anders eng hiwendt,
B'setzt ist scho mei logament,
B'setzt åll zimmer und gemåch,
Sollichs glabt, wiar-i eng in woarheit såg.
I åls a wirt von meiner gstålt,
Håb in mein haus und logament gwålt.

JOSEPH: Nu ka mensch waiter mir is bekannt,
Der uns mecht reichen a hülfliche hand,
Do well'n ma nit an hilf verzågn
Und unser glück no waiter wågn.
Den nåchbarn grüaß'n üblicher måßen,
Ob er etwan uns mecht in sei haus einlåssen.

Joseph klopft dreimal mit seinem Stab auf den Boden.
Ein anderer Wirt, Servilus, kommt.

JOSEPH: Mei freind, håbt ihr kan raum im haus,
Daß ma a weng ruhen aus?

GROBER WIRT:
Was hob i mit eng und engerm weib zschåffa?
Wer waß, wo ihr seid hergeloffa?
I kan von andern laitn mehr han,
Als von dir, du loser bettelman!
Påckt's eng ahn verzug von meiner tür,
Machts waiter mir ka unruah hier.

Ab.

MARIA: Erbarmen wöll sich der hechste God,
Daß ma åbziehn müeßn mit solchem spot,
Vor költen und angst müeßn sterbn,
Kå herberg könne ma erwerbn.

Der dritte Wirt, Titus, kommt mit einer Laterne.

WIRT TITUS: Mei frau, was erhebt ihr für a klågn,
Wellt ihr allhier gänzli verzågn?
Ir seht zur zeit do selber wol,
Daß mai haus mit fremdlinga is vol.
Wellt ihr aber nema an stall für guat,
So wüll i eng schåffen guaten muat.

MARIA: Mei liaber wirt, es gült uns ålles gleich,
Wie ma liegn über nacht, hoart oder weich,
Daß nur uns dås åntlitz bestreich ka schnee,
Uns kan wind tetlichermåßen durchweh.

WIRT TITUS: So tretet ein in ållen fåll,
Bis leer mei haus wird, in den ståll.

Der Wirt führt Maria und Joseph vor die Krippe. Maria setzt sich auf einen Schemel.

JOSEPH singt: O Jungfrau rein,
Hier ist a kloanes krippalein,
Darin ma müeßn schlåfa
Mit God, der uns erschåffa.
O Jungfrau rein.

MARIA singt: Ach Joseph mein,
Ir müeßt allein der tröster sein,
Mei zeit ist herzu kumma,
Mit schmerzen werd i bekumma
Das kindalein, das Jesulein.

JOSEPH spricht:
Morgen frua wüll i aufstan
Und nach Kana zum metzger gan.
Anbütn wüll i ihm dies tier,
Wüll hern, was er wird gebn dafür,
Dann wüll i den tribut entrichta,
Nåch des Augustus wüllen schlichta.

MARIA spricht:
Ob a das tierlein måg geltn so vül,
Daß ma dadurch erlanga unser zül?

JOSEPH: Nun zweifle ma nur nit darån,
            I hoffe no etwas bereit zu hån.

            Der Engel erscheint mit dem Stern hinter der Krippe.

MARIA: O Joseph, die zeit is schon vorhandn,
            Daß i erlöst wird von fruchtes bandn,
            Die geburt sich nahen tuat herbei,
            Wie mir Gabriel verkündigt frei.
            Den wirt bitt, daß er's uns mecht valeichn
            Uns låßn in sein haus einsteign.

JOSEPH: Maria, unser bitt wird er schwerli gewern,
            Dieweil ma zu vül auf amål begern,
            Do wüll i zu dem wirt getrost hingehn
            Und mi in seiner behausung umsehn,
            Ob etwån a plåtz mecht gfundn wern.

            Joseph nimmt die Laterne, geht zum Wirtshaus und klopft
            dreimal mit seinem Stab auf den Boden. Der Wirt kommt.

JOSEPH: Herr Titus, uns ist heint a kind geborn,
            Wär uns in der nåcht fast går erfrorn.
            Drum seit gebeten låßt uns behend
            Einsteign in enger logament.

WIRT TITUS: Woarli enger bitt wollt gern plåtz gebn,
            Es san nur iatzt zwa dutzend kumma ebn,
            Die besitzen åll zimmer und leere stät,
            Schaut, wo ihr mit dem kind waiter eingeht.
            I als a wirt von meiner gstålt
            Håb in mein haus und logament gwålt.

            Joseph geht zu Maria zurück.

JOSEPH: Maria, unser bitt is åll vergebn,
Ma müaßn im ståll bleibn wia vorebn,
Dåß dös kind vo dr költn frei måg sein,
Leg's in d'krippen zwischen ochs und esulein.

MARIA singt: Ach, Joseph mein!
Wie mag die wölt so untreu sein,
Mit schand uns auszuschliaßn,
Daß ma im ståll bleibn müaßn!
O Joseph mein, o Joseph mein!
O Joseph bring a büscherl heu,
Daß i dem kind a bettlein streu.

JOSEPH singt: Mei herz, mei wüll und åll mei sinn
Nim hi du liabes sönalein.

MARIA singt: O Joseph mein!
Hilf mir wiagn das kindalein,
God wird schon dei beloner sein,
O Joseph mein, o Joseph mein!

JOSEPH singt: O du mei liabi Mario!
Går gern, går gern, i bi scho do,
I hilf dir wiagn dei kindalein,
God wird scho mei beloner sein.
Mario, Mario!

Der Engel mit dem Stern erscheint wieder.

MARIA singt: O Joseph, Marias engelein
Das Gloria singt. Ålldå herein
Dia liab ist eingedrunga,
Dåß ma hobn gewunna
Das kindalein, das Jesulein.

Joseph setzt sich, beide bleiben, währenddem die Companei ihren Umzug macht und singt:

DIE COMPANEI:
>   A kind geborn zu Bethlahem
>   In diesem jår,
>   Des freuet sich Jerusalem.
>   > In diesem jår frohlocken wir,
>   > Die muater des Herrn preisen wir
>   > Mit ihrem kindalein zart,
>   > Mit ihrem kindalein zart.
>   > Christus den Herrn, den eren wir
>   > Mit einem lobgesang,
>   > Mit einem lobgesang.
>
>   Hier liegt es in dem krippalein
>   In diesem jår,
>   Ahn ende wärt die herrschaft sein! –
>   > In diesem jår frohlocken wir,
>   > Die muater des Herrn preisen wir
>   > Mit ihrem kindalein zart,
>   > Mit ihrem kindalein zart.
>   > Christus den Herrn, den eren wir
>   > Mit einem lobgesang,
>   > Mit einem lobgesang.

Pause. Nachdem die Companei einen Augenblick auf der Bühne verweilt hat, ziehen sich die Hirten zurück. Die Companei setzt sich.

Gallus erscheint im Hintergrund und spricht:

GALLUS: Heschka! he! he!
> I hob vermoant, i wer der letzte sein,
> Derweil kumm i goar auf die erscht herein.
> Husch, husch, wie is es heunt so kålt!
> Ma kennt ja dafriern bald!

Es frört mi so sehr in mein gsicht,
Daß i empfind mei nåsn goar nicht. –
I hob dem Stichl meine handschuh glichn,
I hob's ihm glichn um-und-um.
Wo lauft denn mei bruader Stichl herum?
I siach mi um ahn ållis gesär,
Kummt glei mei bruader Stichl a daher!

Stichl erscheint im Hintergrund und spricht:

STICHL: Heschka! he! he!
I hob vermoant, i wär der erschte do,
Derwail is mei bruader Gallus a scho do.

GALLUS: Stichl, wie stehts mit unserer herd und schåfen?

STICHL: Ei, Gallus, bei dir hob i mi båld gfrert.

GALLUS: Ei, Stichl, håst du di båld gfrert?
Siach hier meine beide händ.

STICHL: Ei, håst du nur zwa?
Ålli hundert und tausend mal lüegst du mir vor! –
Ei, wo lauft denn unser bruader Witok herum?
I siach mi um ahn ållis gesär,
Kummt glei mei bruader Witok a daher!

Witok erscheint im Hintergrund und spricht:

WITOK: Heschka! he! he!
I hob vermoant, i wer der erschte
Bei den herdn und bei den schåfn sein,
Derweil kumm i goar auf die letzt herein!

STICHL: Du måchst ålli hundert und tausend mol a son spaten gång.

WITOK: Jå, mei wei hot mi nit lassen eh gehn,
I håb ihr zuvor müassen d'schuach flickn und [nähn. –
Oba wenn uns de költn wüll so furt foarn,
So müaßn ma uns meiner treu besser bewoarn.

GALLUS: Stichl, is dir die zeitung bekannt,
Wia des kaisers pfleger, Cyrinus genannt,
Satzt eine schåtzung überaus groß,
Daß sich a jedes haupt soll kaufen los,
Bei stråf åll seines håb und guats?!
Wer kann dabei sein guaten muats?

STICHL: Ei Gallus, was sågst du immer doar?
Is, wås du erzölst, eigentli woar?
Gestattet kann nit werdn das begern,
Daß si das volk mecht leichter ernern?

WITOK: Ach God, håt das begern no ka end!
Weh! unser groß jammer und ölend!
I hob gedåcht, es sull sich bekern,
Daß ma uns mecht'n leichter ernern.
Unglick haufenweis kummt herbei,
Niemand måg sein von diesem jåmmer frei.

GALLUS: Ach mei Witok, du host no nit z'klågn,
Låß mi erscht recht von armut sågn.
Bei mir unschuldign da geht's zua!
I hob weder tag no nacht a ruah.

I trächt stets zu meiner herde schåf,
Bei mir is unbekannt åller schlåf.–
Gestrigs tågs war i bei mein gsind auf'n föld,
Ållda mei schäflein fleißig zölt;
Befinden sich oba in der zahl nit goar so vül:
Die ursach i dir kürzli sågn wüll.

Er nimmt Witok beiseite.

STICHL: Erzöl's, du alter kauderer!

GALLUS: An tail håt mir s' der leidige *wolf* zerrissa.

Die Hirten blicken sich bei dem Wort «Wolf» erschrocken um und gehen dabei in Hockstellung.

STICHL: Vielleicht hobn dir s' die metzgerhund darbissa,
Dann is es unversehner weis gschehn;
Muaß den ålles mit dem *wolf* dahin gehn?

GALLUS: Woarli Stichl, hålt still dein mund,
Es beißt der *wolf* glei so hoart als der hund.

STICHL: Ja wol, no härter!

GALLUS: Wås du a waiter wüllst davon sågn,
Muaßt di glei bei der herdn verträgn. –

WITOK: Von main wei hob i kletz'n und null'n mit- [brächt,
Nå sei a guat's nachtmål g'måcht.

Die Hirten setzen sich nieder.

STICHL: Is a urntlig's stuckl schmålz a dabei?

WITOK: Wiar a faust so groß stucka drei.

> Witok verteilt seine Vorräte an die beiden andern. – Sie essen.

WITOK: Neuli mir weitläufig ward erzölt,
Wia's God von ewigkeit hot auserwölt,
Daß der begehrte messias in die welt sull kumma
Zu trost und erlösung åller frumma.
Alsdann werdn ma auf erdn
Åller bürd und last enthebet werdn.

GALLUS: Ach wär dös ålles heunt so bewant,
Daß der messias wär bei der hand,
Alsdann wullten ma frohlocka und springa
Und God mit freiden das Gratias singa.

> Bei den ersten Worten des Gallus stehen die Hirten wieder auf; sie stellen sich im Dreieck einander gegenüber, auf die langen Stäbe gestützt. Bei den entsprechenden Worten springen alle drei zugleich in die Höhe zum Zeichen der Freude.

STICHL: Zu wölcher zeit und urt sull das geschehn,
Daß ma der armen trost mechtn sehn?

WITOK: Die zeit is uns zwar nit genannt,
Das urt is uns gar wolbekannt.
Zu Bethlahem sull er wern geborn
Von aner jungfrau auserkorn. –

GALLUS nachsinnend:

Nu hert, ir liabn brüader mein,
Wail ma nu ålli drei beisamma sein,
Itzt welln ma uns o kloas bißl niederlega
Und a kloane wail schlåfa daneba.

> Die Hirten stellen sich in Reih und fallen nieder gegen Joseph und Maria und schlafen.

Der Engel kommt und singt:

ENGEL: Gloria, gloria in excelsis! –
A große freud verkünd i euch
Und ållen völkern auf erdenreich.
O Christ, wach auf, steh auf und lauf
Zum kindalein, zum krippalein, zum Jesulein,
Lauf, lauf, lauf, lauf!
Laufet ir hirten, lauft ålle zugleich,
Nehmet schalmeien und pfeifen mit euch,
Laufet nach Bethlahem in den ståll,
Grüaßet das kindalein allezumål,
Allezumål, allezumål!
O ir hirten, o ir hirten,
Låßt dies eng nit verzågn,
A neue mär wüll i eng sågn.

Gallus spricht im Traum:

GALLUS: Stichl, was is dös für a singa und jubiliera?
An gespenst wüll uns vexier'n, unsern schlof
   tuat es durchwirra.

Stichl spricht im Traum:

STICHL: I, wunder groß und wunder überaus,
I schau nur a weng für den huat 'naus,
Allbehend siach i a großes und a helles licht,
Was scheinet dort für a gsicht?

Witok spricht im Traum:

WITOK: A stimm i her so hell und kloar,
Scheint ma, es wär an englische schoar.

Der Engel singt:

ENGEL: Vom himel hoch, da kum i her,
I bring eng guate neue mär,
Der guaten mär bring i so vül,
Davon i sing'n und sagen wüll.

Gallus steht auf und spricht zu Witok:

GALLUS: Gib obacht, 's håt glotteist.

WITOK: Ei dumper! spiegelkartenhal is,
's regnt, daß olls totschelt!
Mei bart is stoarr vor eis.

GALLUS: Stichl, steh auf, der himel kracht scho!

STICHL: Ei, laß 'n kracha, er is scho ålt gnua dazua.

GALLUS: Stichl, steh auf, die waldvegala piewa scho!

STICHL: Ei, laß s' nur piewn,
Ham kloane kepf, ham båld ausgschlofa.

GALLUS: Stichl, steh auf, dö fuhrleut kleschn scho auf der stroßn.

STICHL: Ei, låß s' nur kleschn, håbn noch goar wait z'foarn.

GALLUS: Ei, du muaßt do aufstehn!

Stichl steht auf und fällt der Länge nach hin.

GALLUS: Gib obacht, 's håt glotteist.

STICHL: Ei, ålli hundert und tausend!
Machst du mr s maul erscht auf,
Wann i ma den ranzen aufg'schlågn?
Ha, mei Gallus, wås hot denn dir trambt,
Daß di neben meiner so umakuglt und uma-
Wås håt denn dir trambt?   [gwolzt håst?

GALLUS: Wås mir trambt hot?
Dös kann i dir goar wol sågn.

Die Hirten stehen im Dreieck zueinandergekehrt, stützen sich auf ihre Stäbe und springen um diese herum, so daß sie sich nun den Rücken zukehren.

GALLUS *singt*:

In anen ståll ging i hinein,
Darin a ochs und esulein
An einem kripplein fraßen:
O edler hort, o jungfrau zart,
Die klärli bei ihm saßen.
Iazt bin i glei vom schlåf erwacht,
Wollt God, der tram käm mir oll nåcht,
Wollt gern bis siebene schlåfn. –

Sie drehen sich mit einem Sprung wieder einander zu.

STICHL: Ha, mei Witok, wås hot denn dir trambt,
Daß di neben meiner so umakuglt und uma-
Wås hot denn dir trambt?   [gwolzt håst?

WITOK: Wås mir trambt hot,
Dös kann i dir goar wol sågn.

Sie wenden sich wie oben wieder den Rücken zu.

WITOK singt: In weihnachttagen in der still,
A tiefer schlåf mi überfiel,
Mit freid ward ganz begossn;
Mei söl empfing vül süeßigkeit,
Vül honig und vül rosn.

    Sie drehen sich wieder einander zu.

GALLUS: Ha, mei Stichl, wås hot denn dir trambt,
Daß di neben meiner so umakuglt und uma-
Wås hot denn dir trambt?   [gwolzt håst?

STICHL: Wås mir trambt hot,
Dös kann i dir goar wol sågn.

    Sie kehren einander wieder den Rücken zu.

STICHL singt: Mir trambt, als wenn a engel käm
Und führet uns gen Bethlahem
Ins jüdisch land so ferre:
A wunderding alldå geschehn,
Erfuhren neue märe.

    Die Hirten singen, indem sie im Kreise herum hintereinander herziehen:

DIE HIRTEN: Lustige hirten, freudige knåbn,
Die guate lust zum singen håbn:
Heja wol auf, und laßt uns singn
Guater dingn, lustig springn.
David, an tåpferer hirtenjung,
David erfreut uns herz und zung. –

Lustigs gsängla bei den schofn,
Wenn es uns nit beliebt zu schlofn,
So singan ma das God zu eren,
Wer wüll's weren, wer wüll's weren?
Eia, wer is, der's übel auslegt,
Sintemal 's auch der David pflegt. –

Nåch aner schlåcht und küenen tåten,
Auserwölt zum potentaten,
Muaß er a den scepter füeren,
Welt regieren, juden zieren.
Jedermann auf den David deut:
Sans die hirtn nit wåckere leut?

GALLUS spricht:

    Nun wolan, laßt uns gen Bethlahem gehn,
    Die wundertat ållda zu ersehn.
    Was für gabn welln ma offeriern?
    Was für a gschank welln ma dem kind
                                [präsentiern?

STICHL: A flaschl voll mülli wüll i dem kind verern,
Damit ihn sei muater mecht waiter ernern.

WITOK: A scheen's lamm håb i unter meiner herd,
Wölches das kind goar wol is wert,
Dös wüll i behend mit mein stab umbfanga
Und über meine beide schultern hanga.

GALLUS: I wüll mitnehma a weng woll,
Damit ihn sei muater fei dreinlegn soll.

Die Hirten gehen ab, ihre Gaben zu holen.
Die Bühne verdunkelt sich.

STICHL: Die nåcht is mir zu finster, i kån nit mehr sehn,
Ob ma recht oder unrecht zur stadt eingehn.
Ei, wo sulln ma ållisambt waiter aus?

GALLUS: Stichl, i siach ållbereits a strohhaus;
Ållda werdn ma nach dem kindalein Godes
Sie werdn es uns a wol sågn, [frågn.
Wo ma sulln hingahn,
Daß ma das kindalein mechtn treffn an.

Gallus klopft bei der Krippe stark mit seinem Stab auf den Boden.

Holla! holla! is niemand vor der tür,
Der uns an das begerte urt hinfür?

JOSEPH: Mei freind, wen suchet ir ållhier?
Aan, der eng wol waiterfür?
Seid gebeten, sagt mir, wo steht hin
Enger gedånka und eifriger sin?

STICHL: Oltvoda, ma suchen Godes kindalein,
So uns ållhier sullt geboren sein;
Ma begereten, ob es werde gewiß,
So uns die gschicht verkündiget is.

JOSEPH: So ir dös wellt, so tretet herei,
Hier liegt das gewünschte kindalei.

Die drei Hirten singen hinter der Krippe:

DIE HIRTEN: Merk auf, mein Herz, und siach dorthin,
Wås liegt dort in der krippen drin?
Es ist das liabe Jesulein,
Es ist das scheene kindalein.

Gallus kniet nieder und spricht bei der Opferung:

GALLUS: Sei gegrüäßt, du kindalein zoart!
Wia liagst du da so ölend und hoart.
A bett vo stroh, vo kana federn zoart,
Sondern vo spissign hei so hoart.
Dei geburtstag nit zur summerzeit,
Sondern zua des winters bitterkeit.
Für dei lieling und rosen weiß
Erwölst du großen frost und eis.
Dei wångalein weiß, dei nåsalein zoart,
Wia san sie dir so goar erstoarrt,
Und deine liabn gülden äugelein,
Die mit bittern tränen begossa sein. –
Da bring i dir, o Jesulein, a weng woll,
Daß di dei muater fei dreilega soll.
Gib i dir a weng möl noch,
Daß dir dei muater måcht a koch,
Und wånn i öfter mecht zu dir kemma,
Wollt etwas meres mit mir nema.

Stichl kniet nieder und spricht bei der Opferung:

STICHL: Sei gegrüäßt, du kindalein zoart,
Wia liagst du da so goar erstoarrt,
Dei saal des himels is der groß,
Kummst auf die wölt oarm, nacked und bloß:
Do bring i dir a flaschl voll milch,
Hiermit i mi in deinen schutz befilch.

Witok kniet nieder und spricht bei der Opferung:

WITOK: God grüäß di, du liab's kindalein,
Gegrüäßt seist du, liab's Jesulein!

>   In'n ståll, du, a keni, geborn bist,
>   Müaß'n di ernern deiner muater brüst:
>   Bring i, keni, a lamlein klein,
>   I bitt, du wellst damit zufriedn sein. –

JOSEPH spricht:
>   Es hirten, i sag eng fleißi dank
>   Vor enger werts opfer und gschank.

MARIA singt: Es hirten, i sag eng fleißi dank
>   Vor enger werts opfer und gschank.
>   God laß enger narung wol gedeihn,
>   Und enger herd und schåf benedein.

Die Hirten wiegen singend die Krippe:

DIE HIRTEN: Laßt uns das kindalein wiagn
>   Und uns zum krippalein biagn
>   Das Jesulein gebenedeien,
>   Das kindalein muß ja heien.
>   O Jesulein süeß, o Jesulein süeß!

Die Hirten verlassen den Stall. Joseph schaut ihnen nach.

GALLUS spricht:
>   Ei, wia is nur dös bewant,
>   Daß er geborn is so unbekannt
>   Und leidt solch mangel, frost und költ
>   Und do regiert dö gånze wölt?

WITOK: Hier auf erdn is er kumma oarm,
>   Auf daß er unser sich erboarm
>   Und in dem himel måche reich,
>   Såm sanen liabn engerln gleich.

              Dös hot er uns getan zu dem end,
              Damit sich der mensch von der hoffart abwend
              Und nit an solchen pråcht und zier,
              Sondern a demüetigs leben füer.

STICHL: Uns kann wol wåchsen der muat,
              Wail er is geborn aus keniglichem bluat,
              Kenig David is a an schåfhirt gwesn,
              Dessen hob i in der schrift glesn,
              Der durch sei kenigliche tåt
              Den mächtigen Goliath getetigt håt.

GALLUS: Åba wenn ma dös unsern gsölln werdn sågn,
              Was si ollhier hot zugetrågn,
              Kan glaubn werdn sie uns gebn,
              Sondern a groß glåchter erhebn,
              Denn es is mit der såch so bewåndt,
              Daß es übertrifft ållen menschenverstånd.

WITOK: Oni gfoar kånn i's nit verschweign,
              I muaß gehn, es dem herrn anzeign
              Und morgen na Jerusalem gan
              Und glei es dem statthalter zeigen an.

Die Hirten singen im Umzug:

DIE HIRTEN: Lustige hirten, freudige knåbn,
              Die guate lust zum singen håbn:
              Heja wol auf, und laßt uns singn
              Guater dingn, lustig springn.
              David, an tåpfrer hirtenjung,
              David erfreut uns herz und zung. –

STICHL spricht:
> Siach, unser Crispus kummt a herbei,
> Der uns wird gsuacht hobn auf der frei.
> Grüaß di God, mei liaber Crispus!

CRISPUS: Dank dir God, mei ålter Stichl!

GALLUS: Wia mags mit unser herd und schåfn stehn?

CRISPUS: Woarli, die schåf in der huat no beisomma sein
Wol von den großn bis auf de klein.
Was bringt ir denn für zeitung nei,
Is woar, was das volk måcht für a gschrei?

GALLUS: Woar is, zu Bethlahem liegt das kindalein
In anem krippalein, zwischn ochs und esulein.
Wann du das wunder begerst zu ersehn,
Kannst a morgen frua aufstehn
Und mit uns gen Bethlahem gehn.

CRISPUS: Is es wait dohin?

GALLUS: Bis d'hikummst.

CRISPUS: Jå, jå, i wüll mi irgend bedenka
Und wüll dem kind a züpfel vo mein pölzwerk schenka.

Die Hirten singen, hintereinander im Kreis herumgehend:

DIE HIRTEN: Und die hirten wolgemuat
Waren bei den schåfn,

Täten fleiß bei irer huat
Und legten sich schlåfn.
Zu ihna tråt an engel schnell
Und God leuchtet um sie hell,
Daß sie sehr erschröken.
Der engel sprach: Fürchtet eng nicht,
I bring eng ani neue geschicht,
Wüll eng freid erwecken.

Umgang der ganzen Companei:

DIE COMPANEI:

Reich und arm sullen fröli sein
An diesem heutigen tag,
Uns is geborn a kindalein,
Das ålle ding vermag.
Dazua a halig ist;
Sei nam heißt Jesus Christ,
Um unser oller missetat
Vom himel kumman ist. –
O mensch bedenk, wia Jesus Christ
So goar an ålle scheu
Zu Bethlahem geboren ist
In aner ålten scheun,
Wird in a kripp geleit,
Wia uns die schrift anzeigt,
Wölch's do der hechste kenig ist
Auf erdn wait und brait.

Die Companei setzt sich auf die Bänke seitwärts vor der Bühne.

Der Engel geht auf die Bühne und spricht:

ENGEL: Ersame, wolweise, großginstige herrn,
Wia a tugendsame fraun und jungfraun in ålln
Bitt, wellts uns nit vor übel han, [ern,
Wail ir unser gspül hobt ghöret an,
Wellts uns zum oargen nit auslegn,
Sondern unserm unverstand die ursach gebn,
Wann ma etwas gefölet hier
Und nit gehalten die rechte zier;
Sondern a jedweder das beste betracht,
So wünschn ma von God, dem allmächtigen,
A recht guate nåcht.

Die ganze Companei geht auf die Bühne und bedankt sich.

DAS OBERUFERER DREIKÖNIGSPIEL

Die Companei: der Engel Gabriel, König Melchior, König
Balthasar, König Caspar, Pagi, Maria, Joseph, Lakai, Villi-
grazia, König Herodes, der Hauptmann, der Kriegsknecht,
die drei Juden: Kaifas, Pilatus, Jonas (Judas), Teufel, im
Hintergrund auf Bänken. Der Engel Gabriel tritt hervor:

ENGEL spricht:

I tritt herein ahn ållen spot,
An schen guatn åbend geb eng God,
An schen guatn åbend, a glücksölige zeit,
Die uns der Herr vom himel geit.
Ersame, wolweise, großginstige herrn,
Wia a tugendsame fraun und jungfraun in ålln
Bitt, wellt's eng nit verdriaßn lan, [ern,
A kloane wail uns z'heren an.
Was man eng iatzt wird bringa vor,
Is nit vo uns erdichtet nur,
Is a von heiden nit erdåcht,
Sundern aus der haligen schrift vollbråcht,
Nemli von den weisen aus'm Morgenland,
Die in der gånzen wölt bekannt.
Sie seind gezogen a lange ras,
Wia a an jeder wåndersmann wol waß,
Sie seind erscht kumma gen Jerusalem 'nein
Und frågtn nach dem neugeborn kindalein.
Darüber Herodes ward herzlich betrüebt,
Und seine priester wolgeüebt

In der haligen schrift läßt forschen bald
Und fragt von ihna, wia sich's verhalt.
Drum wann ir's wollt hörn in guater rua,
Schweigt stüll und sagt's nit vül.

Der Engel setzt sich zur Companei. Der Teufel bringt den Königsstuhl und putzt ihn umständlich. Darauf erhebt sich der Engel mit dem Stern und stellt sich rechts vom Königsstuhl auf der Seite auf.
Der Pagi tritt zum König und verneigt sich. Der König geht zum Stuhl; der Pagi begleitet ihn.

König Melchior tritt vor und spricht:

KÖNIG MELCHIOR:

Mein gatter-compas und ålle instrument
Bring her, du pagi, jetzund behend;
Wie Venus mit der sunna sich consamaniert,
Äuget was anders sich iatzt vor mir?
Des himmels gloria a nit vergiß.
Es scheint a stern, der nia gewesn is.
A großer glanz überaus scheen!
Wovon mag dös g'stirn entstehn?
Is a von uns nit gelegn so weit.
Auf etwas seltsames des deut't.
Recht in der mittn steht a jungfrau,
A kindalein trågt sie, so wia i schau.
Von großem glånz is ihre stirn;
Fürwahr, sie übertrifft dies g'stirn.

Der Engel wandert mit dem Stern über die Bühne.

An koanem ort tuats stülle stahn,
Sondern schneller und schneller tuats umbgahn.
Das kindalein, das die jungfrau trägt,
Wia i schau, zum öftern sich bewegt.

>Du pagi, ruf her den mathematicus,
>Der uns erklärt dös wunder groß.
>Schwerli uns aner des wird aussågn,
>Was ursach die jungfrau a kindlein tuat trågn.

PAGI: Gnädigster kenig, i enger wurt vernumma han;
I wüll bald bringn den Villigrazian.

KÖNIG MELCHIOR:
>Villigrazia, könnt ihr mir nit von diesem sterne sagn?

VILLIGRAZIA: Gnädigster kenig, i hob wårli kain kundschaft
von diesem gestirn;
Hierüber die propheten wüll i consamaniern,
Ob i von ihna etwas mecht deduciern.

Blättert hastig in einem großen Buche, das er unter dem Arm trägt.

>Der prophet Esaias zwar was andeut
>Und uns mit diesen worten prophezeit:
>Daß neuli in Bethlahem sollte geborn werdn
>An kenig, messias himels und der erdn.

KÖNIG MELCHIOR:
>Vermoan, was der prophet anzeigen wüll,
>Des sei zu Bethlahem erfüllt,
>Darum mit sorgen i mi bedenk,
>Was i dem kind präsentier für a geschenk?
>A summa gold wüll i mit mir fürn,
>Denn gold anem kenig tuat gebürn,
>Sam anem kenig himels und der erdn.
>I hoff, er soll mir darum hold werdn.

Pagi, dahin wend du ållen fleiß,
Daß ma uns zeitli machn auf die reis.
Villigrazia, eng befilch i das regament,
So lang bis i die reis gebracht zu end.

VILLIGRAZIA: Gnädigster kenig, nach engerm content
Wüll i versechn das regament. (Ab.)

Wenn König Melchior am Platz ist, springt der Teufel wieder zum Königsstuhl, rückt ihn zurecht und putzt ihn erneut.

KÖNIG BALTHASAR:

Mei hofgsind mir heunt håt angsagt,
Was for a wunder gschechn is über nacht.
A gstirn, wölches macht an reinen schein,
Darin a jungfrau tät erschienen sein,
Samt anem kenig himels und der erdn.
Dabei in weihrauch muaß geobfert werdn;
A kindalein, so fein und zoart
For an sunderlichs wunder ghalten ward.

Steht auf und tritt an die Rampe.

Dös gstirn und wunder zu ersehn,
Tuat auf den stråßn hervürgehn;
Findet ir die sach also bewandt,
Wia i vo manem gsind ward ermant.

Setzt sich wieder.

O wunder, desgleichen nie hab ghert
Von aner historia wohl bewärt:
A jungfrau, rein, und muater zugleich,
Ihr kindalein: kenig oarm und reich!
Gen Bethlahem uns das gstirn tuat weisn,
Als solln ma allesamt dahin verreisen.

Aber dös geheimnus i nit woaß zu ergründn,
Wia bei den gelehrten klärli is zu findn:
Ane mån geborn a kindalein,
A kenig der juden wird er sein!

Steht wieder auf.

Derowegn wüll i aufsein morgens zu tag
Und suachen, ob i das kindalein finden mag.

Der Teufel kommt wieder, richtet den Stuhl für König Caspar und treibt seine Possen dabei.

KÖNIG CASPAR:

O wunder groß, o hechste frelichkeit,
Wail amal kumman is die zeit,
Daß der begehrte messias is geborn
Von aner jungfrau auserkorn.
Sollichs a gstirn uns beweist
Und uns zu respektieren heißt,
Indem es kundbar machet die gschicht,
Wölche die judn halten vor a gedicht:
Mit heftign geberdn sie ziachn ån,
Bis daß sie es gefundn han.
Aber was für geschenk und obfer sollt es sein,
Damit das kind a mecht zufriedn sein?
Dieweil es is a kenig himels und der erdn.
Dabei ihm myrchen muaß geobfert werdn.
Mit solchem obfer wüll i mi versehn;
I hoff, vor dem kind damit zu bestehn. (Ab.)

Die Companei singt im Umzug über die Bühne:

DIE COMPANEI:

Wie schön leucht uns der weisen stern!
Gewiß muß uns der kenig der erdn
In diese welt sein kumma.

Ach weisen, liabste weisen mein,
Sagt mir do dieses wahrhaft rein,
Woher habt ir's vernumma?
Lustig,
Rüstig,
Eilt von ferne
Nach dem sterne,
Zu dem lande,
Da der kenig der erdn sich fande.

Der Engel stellt sich wieder an seinen Platz vorn rechts. Der Pagi holt König Melchior ab. Wenn der König auf seinem Stuhl sitzt, läuft der Pagi und schaut nach den beiden anderen Königen, die sich von ihren Plätzen erhoben haben, aus, kommt zurück und berichtet.

PAGI: Gnädigster kenig, fremds volk kummt vül,
Dessen zu finden ka maß noch zil,
Scheint fast, als wär a kenig dabei,
Wölcher uns regieret frei.

KÖNIG MELCHIOR:
Lasset mi ane klane wail bleibn allhier,
Bis i zu ihnen gestoßen sein wir.

Die beiden Könige treten zu König Melchior. Caspar rechts, Balthasar links.

KÖNIG MELCHIOR:
Seid gegrüäßt, ir liabn herren guat,
Wohin steht enger herz, sinn und muat?

KÖNIG BALTHASAR:
Enger liab sei gegrüäßt und enger hofstat,
Wo denket ir hin mit solchem apparat?

KÖNIG MELCHIOR:
>Enger liab wöllet hiemit gedanket sein,
>Unser sin steht gen Jerusalem hinein.

>>Die drei Könige vereinigen sich.

KÖNIG CASPAR:
>Seid gebeten, zeigt mir do an,
>Was ir zu Jerusalem wöllt tan.

KÖNIG MELCHIOR:
>Im Esaias man klärli geschriebn find't,
>Wia daß a schenes oarms kind
>Z'Bethlahem geborn sull werdn;
>Als a kenig himels und der erdn.
>Sollichs durch den stern is worden offenbar,
>Wia wunderlich es geschechn war:
>In dieser letzt entwichnen frist
>Das kindalein allbereits geboren ist.

KÖNIG BALTHASAR:
>Des gleichen, mag i eng mit woarheit sågn,
>Håt das in unserm land sich zuegetrågn.
>An stern ma allda håbn gesehn,
>Darin a jungfrau sambt an kind tuat stehn,
>Kummt dös nun mehr an den tag,
>Was unter den heidn verborgen lag?

KÖNIG CASPAR:
>Ebe dös hot a mi aufn weg bråcht,
>Wölches für a groß wunder wird geacht,
>Dessen ma's zu finden heftig begern,
>So es ka mittel oder weg verwern.

Während der Rede des Melchior wandert der Engel um die Könige herum.

KÖNIG MELCHIOR:

> Aber wail uns der stern wüll gar verlan,
> Den ma for a zeichn gesechn han,
> Und uns san unbekannt ålle weg und straßn,
> Auf ka mittel derfn ma uns verlaßn,
> Wail ma ållisambt in diesem land
> San ganz fremd und unbekannt:
> Wolltn derowegn von der ras abstehn
> Und gen Jerusalem in die stadt eingehn.
> Ållda erkundigen diese gschicht,
> Ob ma nit mechtn han an bessern bericht.

Der Pagi ist währenddem abgegangen.

Die drei Könige singen, vom Engel geführt:

DIE DREI KÖNIGE:

> Es ziachn drei kenig, der stern leucht' ihn vor-
> Zu Bethlahem täte der stern still stahn.   [an,
> Wol über dem haus, wol über dem haus,
> Da täte der stern still stahn.

Die Companei schließt sich an. Alle singen:

DIE COMPANEI:

> Die weisen von Herodis zeit,
> Wol aus dem morgenland so weit,
> Als sie nun kumman gen Jerusalem dar,
> Da Christus schon geboren war.

Sie fragten in der stadt hier frei,
Wo der neue kenig geboren sei,
Der den juden verheißen war,
Sie sullten's ihn' anzeign klar. (Ab.)

Wenn die Companei sitzt, springt der Teufel auf und trägt den Königsstuhl hinaus. Dann schiebt er mit großem Getöse den Herodesthron herein und putzt ihn sehr gründlich. Mit Herodes erheben sich auch der Engel und die drei Könige und bleiben vor ihren Plätzen stehen.

König Herodes tritt auf mit Lakai und spricht:

KÖNIG HERODES:

 Wann i amål werd unmuatsvoll gega wen,
 Dem geht's nit wol!
 In meinem reich der juden rat,
 Weltli und geistli magistrat,
 Befolen hot und graumet ein,
 Daß i ållhier sullt kenig sein.
 Heunt wern ma gerichte hålten,
 Redn mit de jungen und mit de ålten,
 Die wern kumma ollzumål
 Herein in meinen kenigssål,
 In dem ma nu gwoartet hån.
 Lakai, schau fern, wer klopfet ån.

LAKAI: Gnädiger kenig, fremds volk kommt vül,
 Dessen schier zu findn ka maß noch zil.
 Vül herren und kenig mit sich bringa,
 Waiß nit, ob s' uns nit mechtn umringa.
 Mit herrlichen kladern san s' angetan,
 Fast stolz und prächtig sie herein gan.

KÖNIG HERODES:
>   Erkundige von ihna, wo's herkumma
>   Oder was zu tan sie han vorgnumma.

Der Lakai spricht zu den Königen:

LAKAI: Es herren, 's wüll wißn 's kenigs majestat,
Wes ursach ir seit kumma in d'stadt,
Aus was geschlecht ir seit entstandn,
Daß ir her kummt aus fremden landn.

KÖNIG MELCHIOR:
>   Aus keniglichem stam san ma ålli drei geborn,
>   Zween kumman aus Saba, der dritte aus Morn.
>   Ma begern, kenig Herodes sölber zu begrüaßn,
>   Wofern es seiner liab nit mecht verdriaßn.

LAKAI zu Herodes:
>   Aus keniglichem stam san s' ålli drei geborn,
>   Zween kumman aus Saba, der dritte aus Morn;
>   Sie begern kenig Herodes sölber zu begrüaßn,
>   Wofern es seiner liab nit mecht verdriaßn.

KÖNIG HERODES:
>   Laß sie kumma ållzumål behend
>   Zu mir herein in mei logament.

Lakai spricht zu den Königen:

LAKAI: Mei gnädiger herr kenig enger gegenwart begert
Und wüll, daß ir enger anligen sölber erklärt.

Die drei Könige kommen zu Herodes.

KÖNIG HERODES:

> Enger liab wilkumma, wia is nur dös bewant,
> Daß ir zu mir kummt aus fremdem land?

KÖNIG CASPAR:

> Enger liab uns wellet verzeihn,
> Die ursach i kürzli wüll anzeign:
> Nemli zu Såbå in unsern låndn
> An ungewöhnli gstirn is entstandn,
> Darin a jungfrau a kind tuat trågn,
> Merket auf, wås wir eng sågn!
> Dadurch ma erstlich ham vernumma,
> Wia daß der messias sei ankumma;
> A kenig er geborn wär',
> Dem diena sull das jüdisch heer, –
> Den suechn ma mit ållem fleiß,
> Zu dem end erhubn ma unser reis.

KÖNIG HERODES für sich:

> Hot si dös zuegetrågn hier zu land
> Und is den fremdn besser als mir bekannt?

zu den Königen: So ziacht hinab gen Bethlahem von stundn,
> Denn hier das kind nit wird gfundn.
> Suacht es, und wann ir's håbt
> Angebet't und a wol begabt,
> So laßt behende mi es wissn,
> Daß i mecht sei zuerst beflissn,
> Daß i a zu gleicher weis
> Das kind anbete und a hinreis.
> Das tuat mir zu liab, ir herrn,
> Damit i a das kind mecht ern.

KÖNIG CASPAR:

    Enger liab, wofern ma das kind findn,
    So welln ma die botschaft wiederbringn.

    Die drei Könige verneigen sich. Der Engel schreitet vor
    ihnen über die Bühne und stellt sich auf der anderen Seite,
    rechts, auf.

KÖNIG MELCHIOR:

    Nun wolan,
    So verlassn ma zu Jerusalem den plan.

KÖNIG BALTHASAR:

    Siach, der stern tuat wieder herfür gan,
    Den ma gesechn han
    Im reich der morgenland,
    Da ma das kindlein han erkannt.

    Die Könige gehen zum Engel; er führt sie auf ihre Plätze.

KÖNIG HERODES zum Lakai:

    Die zeitung hot mi erschreckt nit wenig,
    Wail i bin a fremda und ka rechter kenig.
    Geh lakai, ruaf die priester und schriftgelertn,
    Wüll wissn, wo der neue kenig sull geborn
    Dem diena sull das jüdisch heer.   [werdn,
    Geh, daß dein herr das neuste hör.

LAKAI: Gnädiger kenig, i versteh enger wurt,
    Von stund an wüll i laufen furt,
    Und eng aus dem ganzen land
    Bringn dö hohe priester zur hand.

Kaifas, Pilatus und Jonas springen herein. Ihre Aussprache ist jüdisch, ihre Gebärden ungemein lebhaft; alle drei sind in steter Bewegung, küssen sich, nach rechts und links springend, in gebeugter Stellung auf die Schultern, küssen einander gegenseitig, schlagen die Hände zusammen und sprechen dem König mit karikierter, dem Gesagten immer entsprechender Gebärde das letzte Wort im Chore nach. Kaifas spricht ganz nahe, dem Herodes unter die Nase schreiend, unverständlich schnell:

KAIFAS deutet mit dem Finger jedesmal bei dem Wort «i» auf sich:

> Herr, i, Kaifas, mein eigene lieb,
> Herr, i eng nit unrecht gib,
> I wollt eng gewiß solchs zeign an,
> I wollt eng gewiß solchs zeign an,
> Wenn es mer kenigli majestät
> In kaner wais vor übel hät.

KÖNIG HERODES:

> Sagt, herr, es sei eng schon vergebn,
> Ob es mer a gefällt nit ebn,
> Vor übel hob i's eng mit nichtn,
> Denn i mi gern nach eng mecht richtn,
> Wölt sonst nach eng gesandt nit han,
> Mögt mer enger gemüet do zeign an.

Kaifas, Pilatus und Jonas sprechen zugleich:

DIE JUDEN: Gnädiger kenig, das sag i' eng zur hand:
Zu der stadt Bethlahem im jüdischen land,
Wia es klärlich geschriabn steht,
Wia bei den psalmmaistern der vers geht:
Sain son sull besitzen oll saine faind,
A oll, dö ihm zuwider saind,

Vül volk wird ihm folgen auf erdn:
Wüll in sainem namen gesegnet werdn!
Sain name wird haißen *Imanuel*,
Wia's klärli beschraibt *Ezechiel:*
Denn butter und honig wird er ess'n,
Das guate erwählen, das böse vagess'n.

KÖNIG HERODES:

    Wia kann und mag nu dieses sein,
    Daß a jungfrau sull gebern a kindalein?

KAIFAS: Des weibes samen wird der schlangen den kopf zertretn.
    Und ollis, was verlorn, wird er wiederbringen.

KÖNIG HERODES:

    A herer kenig mir sagt frei
    Und trug mer vor an ålli scheu,
    Er sagt: zu Bethlahem hobn sie vernumma,
    Daß uns zu trost an erlöser sei ankumma,
    A gerechter fürst und woarer hirt,
    Der uns ållsamt regiern wird.
    Mecht hiemit gern an gewißheit håbn,
    Tua i eng mit woarheit sågn,
    Mein reich steht hier in großer gfoar,
    Was i eng sage, das ist woar.

KAIFAS: Main herr, also is es nit zu verstehn,
    Als sullt enger raich zugrunde gehn,
    Ain kenig wird er werden *genannt*,
    Aber kaine gwålt håbn in sainer hand,
    Vaurtailen wird man ihn zu tod,
    Und sain volk halten für an spot.

KÖNIG HERODES:
> Besser wär's, so man ihm behend fürkäm
> Und in der jugend das leben abnäm.

PILATUS:
> Enger kenigli majestät, stellt enger gemüat zu rua
> Und seht diesem lauf no a weng zua, [rua
> Bis die weisen kumman aus morgenland
> Und sagn, es sei so bewant.

KÖNIG HERODES:
> Ma befürchten, es mecht werdn bekannt
> Inzwischen in dem jüdischen land,
> Wail ma gestrigen tags han vernumma,
> Daß an engel zu den hirten auf's föld sei kumma,
> Hab eana verkündiget neue mär, [kumma,
> Wia a neuer kenig geborn wär.
> Herr Kaifas, sagt mer do, wo auf erdn
> Der neue kenig sull geborn werdn,
> Dem diena sull das jüdische heer...
> Was sagn engere propheten dann?

JONAS:
> Olli propheten zaign an:
> Christus der kenig is auserkorn,
> Der wird in der stat Bethlahem geborn.
> Die stat ligt im jüdischen land,
> Wia dö propheten zaign zu hand.

Bei den letzten Zeilen fallen die andern Juden mit ein und schreien den letzten Satz dem König in die Ohren.

KÖNIG HERODES:
> Is guat...
> I hob eng scho ghert gnuag;

Nu tretet ab und schweiget stüll,
Der sach i schon unterkumma wüll.

Die Juden gehen unter ständigen Verbeugungen rückwärts ab, stolpern über ihre Bank und fallen hin.

I wüll erwegn in mein sinn und muat,
Wiar i werd *vergiaßn* des kindes bluat.

Der Teufel lacht hinter der Bühne: Hi hi hi hä hä häää.

Des lacht der teifel in der hel,
Schlagt si zu meinem ungesel?
Sull i erscht kumma in sollich not?
Vül liab'r wär's mir, i läg tot.
Was sull i tån, was sull i sagn?
Es is nit anders in den tagn:
I muaß verzågn vor mein end
Und erst kumma in sollichs ölend.
Geraubt wird mir mei kenigli kron.

Herodes packt sich an den Kopf.

I woaß nit, wiar i es sullt ton.
Kummt denn und hülft mer niemand heut?
Es sein gleich geister oder leut?
I wüll mi eana versprechn goar
Und eana folgn immerdoar:
Ei, seit ir denn ålli verzågt?

Herodes schwankt in seinen Sessel und sinkt zusammen.

O weh, o weh, wer hülfet mir?

Der Teufel springt geduckt herein, spricht vor Herodes:

TEUFEL: Wer hier? Wer da? Was felet dir?
Oh, dir versåg i nimmermer!
Såg an, was is dein groß beschwer,
Daß dein not so hart tuast klågn?

KÖNIG HERODES:

 Vor angst mecht i scho goar verzågn.
 Dieweil a neuer kenig is geborn,
 Übers jüdische land is auserkorn:
 Wo sull i armer teifel hin?

TEUFEL: Pst!
 Schweig stüll, i a an teifel bin!
 An teifel läßt den *andern* nicht!
 I wüll dir helfen zu der pflicht,
 Wia du dein såch sullst greifn an.
 Der neigeborn kenig wird uns nit entgahn:
 I bin ihm glei so hold als du,
 I wüll dir gebn rat dazu, – – –
 Drum rüst di bald, verziach nit lang.

KÖNIG HERODES:

 O gsell, um ans is mir no bang,
 Daß i sull an, zwa, drei erstechn lan.
 Das macht, daß i mi wol fürsehn kan,
 Daß man mirs mit'n gleichn lont;
 Gwiß wird meiner nit gschont,
 Wann i so übel handeln tåt.

TEUFEL spricht:

 I wüll dir sagn an der stat:
 Wanns d'an teifel wüllst sein, so mirks, so
 – – – – – – – –   [mirks:
 Daß di weder weib no kind erboarm
 Und gleich sei reich und gleich sei oarm,
 Da mußt du's wågn an solchn zorn,
 Daß d'nit schonst selbst, was ungeborn.

Du mußt umbringa alle knäbelein,
Die zwajärig und drunter sein.

(nach vorn)

Und i lach in meine faust!
Gleichwia der fuchs dö gans wol maust.

(zum König)

Drum rüst di bald, verziach nit lang;

(zu den Zuschauern)

I far dahin im namen Bix-Bax
Zu meiner gsellschaft ruach und rax.

Die Bühne wird finster. Wenn es wieder hell wird, sitzt Herodes auf seinem Platz bei der Companei. Die Companei singt zunächst stehend:

DIE COMPANEI:

Mit God so lassn ma unser gesängelein klingen!

Die Companei setzt sich in Bewegung.

Als nu Herodes die red vernumma – – –
Sie ziachn ålle drei,
Der stern leucht ihn' voranne,
Zu Bethlahem täte der stern still stan.

A kind geborn zu Bethlahem
In diesem jår,
Des freuet sich Jerusalem.
In diesem jår frohlocken wir,
Die muater des Herrn preisen wir
Mit ihrem kindalein zart,
Mit ihrem kindalein zart.

Christus den Herrn, den eren wir
Mit anem lobgesang,
Mit anem lobgesang.

Hier liegt es in dem krippalein,
In diesem jår,
Ahn ende wärt die herrschaft sein. –
In diesem jår frohlocken wir,
Die muater des Herrn preisen wir
Mit ihrem kindalein zart,
Mit ihrem kindalein zart.
Christus den Herrn, den eren wir
Mit anem lobgesang,
Mit anem lobgesang.

Alle setzen sich nieder.

Der Teufel schiebt den Herodesthron hinaus und geht auf seinen Platz. Der Pagi trägt das Bänkchen für Maria etwas nach rechts zur Mitte. Joseph und Maria nehmen ihre Plätze ein. Nun erheben sich der Engel und die Könige. Der Engel geht über die Bühne und steht wieder rechts vorn. Dann beginnen die Könige ihre Wanderung.

KÖNIG CASPAR spricht:

O Herr, i bitt,
Verlåß uns nit!
Erleucht unser augn in der not,
Daß ma nit entschlåfn in den tod,
Geleit uns, Herr, auf rechter ban,
Daß ma allhier nit irre gan,
Und ler' uns dei gesatzung recht.

KÖNIG MELCHIOR:

Hier san zween weg, wölchs ist der recht?

Der Engel ist bei den Worten des Melchior zu Maria und Joseph getreten.

KÖNIG BALTHASAR:

    Siach, der stern hier tuat still stan,
    Kummt, ma welln zum kind in stal eingan.
    Grüaß eng God, mei zoarts jungfraulein,
    Ist hier das gewünschte kindalein?

MARIA singt: Hier liegt das gewünschte kindalein,
    Gewickelt in schlechte windalein.

    Die Könige gehen wieder nach vorn links.

KÖNIG MELCHIOR:

    Nun wolan!
    Laßt uns auftan unser geschank und obfer:
    Weihrauch, myrchen und das rote gold.

    Der Pagi kommt und nimmt ihnen ihre Stäbe ab; darauf bringt er den Königen ihre Opfergaben. Dann bleibt er an der Seite, links, stehen und hält die Stäbe der Könige.

KÖNIG MELCHIOR singt:

    Psallite unigenito
    Christo, dei filio,
    Psallite redemptori,
    Domino puerulo
    Jacenti in praesepio.

KÖNIG BALTHASAR:

    Nun, wölcher wüll der erschte sein?

KÖNIG CASPAR:

    Eng, dem ältern, gebürt die er;
    So tuat vor uns zuerscht einkern,
    So folgen ma eng nach behend.

KÖNIG BALTHASAR:
>   I gib dem die ere, dem sie eh gebürt.

KÖNIG MELCHIOR:
>   I wüll mi um die ere goar nix wenden,
>   In Godes namen geh i vor
>   Und bring dem kind a neues joar.
>
>   König Melchior kniet vor Maria, tut opfern.

KÖNIG MELCHIOR:
>   Gegrüaßet seist du, kloanes kind,
>   Gegrüaßt sei God, daß i di find.
>   A weite ras mar han getån,
>   Auf daß ma di no treffn an.
>   I wüll dir obfern rotes gold; –
>   I bitt, du welst mir bleiben hold.
>   Habt ihr das kind in ern ålle zwei
>   Und ziacht es auf als eltern treu.
>   Fürwahr, ös håbts es nit z'beklågn.
>   Und nembts vorlieb mit meinen gabn.
>
>   König Caspar tut opfern.

KÖNIG CASPAR:
>   O edler kenig, o edler held,
>   Wia hast du so an oarms gezelt.
>   Wer hätt di da gsuacht in stål,
>   Is dås dei edler kenigssal?
>   A stern håt mi zu dir gefüert,
>   O kenig, dem åll er gebüert.
>   Di wüll i rüama ålli stund
>   Und preisen hoch mit meinem mund,
>   Dei lob verkündigen åller welt.

Nim hin, vül edler kenig und held,
Die frücht meines Landes, die myrchen guat,
Nim mi dafür in deine huat,
In das rechte Bethlahem so schon!
Im namen dein scheid i davon.

König Balthasar tut opfern.

KÖNIG BALTHASAR:

Nun kum i a, o kenig zoart,
O edler held von hoher oart,
Dein beger i aus herzens begierd
A stern håt mi zu dir gefüert.
Nim hin das obfer, den weihrauch guat,
Wia's ållen kenigen gebüra tuat.
Mei Herr, wann i efter kum zu dir,
Bitt wollst weiter sein gnädig mir.

JOSEPH: Mane liabn herrn, belon eng's God,
Daß ir uns bsuecht habt in der not
Und mitgetalt von engern gabn;
Ir sullt a guate belonung habn:
Von unserm kindlein reich an güaten.
God wird eng fürbas wohl behüaten.

MARIA singt: Es herrn, i sag eng fleißi dank
Für enger werts obfer und geschank,
Welt eng damit bestätigen låßn
Und wieder frisch wandern enger ståßn.

KÖNIG CASPAR:

Nun wolan, liaber Joseph mein,
Laß dir das kind befolen sein,

Ka müa und fleiß an im nit spar,
Der Herr wird di belona zwar.

KÖNIG BALTHASAR:

Nun behüat di der almächtige God
Vor kumer, angst und åller not,
Behüat di der ewige voda dein –
Von dånna, es muaß geschieden sein.

Die Könige gehen wieder nach vorn. Der Pagi bringt ihnen die Stäbe. Dann holt er die Opfergaben und stellt sie unter die Bänke an die Plätze von Maria und Joseph.

KÖNIG MELCHIOR:

Nun weln ma Herodes zu gfalln tan,
Ihm sagn, wo das kind sei zu treffn an,
Do weln ma hier bleibn über nåcht,
Denn die zeit håt die finster herbeigebråcht.

Die drei Könige knien nieder und singen im Schlaf:

DIE DREI KÖNIGE:

Ich lag in aner nåcht und schlief – – –

Der Engel tritt hinter die Könige und spricht:

ENGEL: Es haling drei kenig aus morigenland,
God der almächtige håt mi zu eng gesant;
Daß i eng sullt machen offenboar,
Daß ir meidet solliche gefoar,
Daß ir nit ziacht die vorige ban
Zum kenig Herodes, dem tyran.
Denn Herodes fürt hoamling zorn an maß,
God geleit eng hoam an ander straß.

Die Könige erwachen und sprechen:

KÖNIG MELCHIOR:
    A seltsamen traam håb i g'hert,
    Als wenn mir an engel hät erklärt,
    Daß ma sullen meiden Herodis haus
    Und an andern weg ziachn aus;
    Denn Herodes fürt in seinem muat,
    Wia er sullt vergiaßn des kindes bluat.

KÖNIG BALTHASAR:
    Desgleichen i a håb vernumma
    Von dem engel, der in unser gemach is kumma,
    Daß Herodes håt g'richt sein sinn und muat,
    Wia er wullt vergiaßn des kindes bluat.
    Herodes steckst du aber in sollicher bosheit,
    Bei dir einzukern von uns sei weit.

Die drei Könige singen; der Engel führt sie an ihre Plätze:

DIE DREI KÖNIGE:
    Kenig Waldhauser ziacht vom berg herabe –
    Wia er das kindlein gefundn håte –
    Ja wol gefunden håte.

Der Engel tritt auf und spricht zu Joseph:

ENGEL: Joseph, Joseph, du frumma man,
    Merk, wås i dir wüll zeign an
    Von God, der mi zu eng gesent:
    Maria nim zu dir behend
    Mitsambt dem kindlein hochgenannt
    Und flieh hin ins Egyptenland.
    Nit wieda nach Judäa kum,
    Bis i dir's såge wiederum.

JOSEPH: O, wo sulln ma hin bei der nåcht?
Aber wer håt das ölend erdåcht,
Wia kumma ma ins Egyptenland?
Dö stråßn san uns unbekannt.
A unsicher vor wilden tiern
Und raubern, dö da herumreviern.
A is es mächtig fer do hinein.

MARIA singt: God wird schon unser geleitsman sein
Und uns fürn auf rechter stråßn,
Wird die seinen nit verlåßn,
Wird san engel mit uns sendn
Und regiern an ållen endn.
Darum steh auf in guater rua
Und richt nur bald das esulein zua.

Joseph steht auf und spricht:

JOSEPH: Behüat di God, du liabes haus,
Es wird ja do nix anders draus;
I muaß di låßn nach Godes wülln,
Daß ma sein erschts gebot erfülln.

MARIA singt: Adieh, adieh, es muaß gewandert sein,
Wir ziachn ins Egyptenland hinein. (Ab.)

Maria und Joseph nehmen ihre gewohnten Plätze ein. Der Pagi bringt den Sessel dorthin. Der Teufel schiebt den Herodesthron herein, stellt einen Schemel hinter den Thron für den Engel und legt einen Geldbeutel auf den Thron.

König Herodes geht mit Lakai hinein.

KÖNIG HERODES:
    Ob i mir glei täte fürsetzn,
    Daß i so reichli wullt beschätzn
    Dö weisen aus'm murgenland
    Mit listigkeit und g'schwinder hand,
    Desgleichen den neuen kenig guat,
    So spür i do in meinem muat,
    Daß i von eana wird betroga
    Und sie mir han vorgeloga.
    Nun fürcht i mi gar grausamling,
    Mei kenigreich, daß es gering
    Mecht werdn in gar kurzer zeit.
    Nun is vonnöten, daß i gscheit
    Mit diesen såchen umzugehn:
    Wia wüll i in die läng bestehn?
    I denk bald hin, i denk bald her,
    Wiar-i ertappen mecht von ungefär
    Den neuen kenig und stets gedenk,
    Wås i ihm mecht halten vor a geschenk.
    I wüll mit ihm umgehn subtil,
    Gleiwia der fuchs treibt sein g'spiel
    Mit aner feisten hennen guat,
    Wann er håt anen frischen muat.
    I wüll mit ihm spüln das garaus,
    Gleiwia die kåtz wol mit der maus.

— — — — — — — — —

    Aber iatzt fällt mir ein g'schwind,
    Wiar i ertappen mecht das kind:
    I wüll mit mein kriegsvolk g'schwind
    Umbringa vül der kloane kind,
    I wüll mi sollichs unterwinda,
    Ålle knäblein in Juda lan umbringa:
    Wås åcht i, oblei ålle müeter

Über mi schrein mord und zeter!
Wann i nur bleib mein's reich san erb
Und nit so pletzli goar verderb.

Maria hat sich während der Rede des Herodes erhoben, schreitet langsam im Hintergrunde über die Bühne, kommt dann nach vorn, schreitet an Herodes vorbei und verschwindet wieder auf ihren Platz.

MARIA singt: Gnädiger kenig, gedenkt an barmherzigkeit,
Fürwahr, es wird eng pletzli tuen leid,
Wann ir vergiaßt so vül unschuldigs bluat,
Seht zua, gnädiger kenig, was ir tuat. –

Der Hauptmann und der Lakai sind aufgetreten. Der Lakai trägt das Mandat.

KÖNIG HERODES:
Påck di hinweg, du närrisch weib!
Woaßt nit, was's gibt für anglegenheit?!
Gnumma wird mir mei regament,
Wann i dem übel nit bald vorwend.
Solst du mi no erscht regiern?
Das wüll anem kenig nit gebüern!
Ir knecht, ir håbt vernumma wol,
Was a jedweder tun soll.
Allhier habt ir das kenigli mandat,
Das enger herr und kenig befohlen håt:
Publiciert's an ållen orten und enden,
Jedermann soll si bei stråf dran wenden.

Hauptmann spricht das Mandat:

HAUPTMANN: Ire kenigliche majestat,
Uns mit anem scharfen mandat befohlen håt,
Daß ma sull umbringa ålle knäbalein,
Dö zwajärig und darunter sein.

Es soll weder helfen guat noch geld.
Sollichs unserm herrn kenig gefält.
Wer diesen geboten wird widerstrebn,
Dem soll es kosten sein håb, guat und lebn.

Judas kommt zu Herodes; spricht sehr karikiert jüdisch:

JUDAS: O waih, o waih der scharffen mandat!
Der kenig die macht unseres lebens hat,
Solln ma lan umbringa unsere knäbalein?
Ach, was wird's gebn für schmerz und pain!

KÖNIG HERODES:

Dieser mensch soll des todes schuldig sein,
Nembt ihn und steckt ihn ins gfängnis hinein.

Hauptmann spricht zu Judas:

HAUPTMANN: Du boswicht, wüllst du dem kenig widerstrebn,
Es sull di kosten dei håb, guat und lebn.
Ist's nit besser, daß dö kloan kinder sterbn,
Als daß ma ållisambt mit ihna verderbn?

Der Hauptmann legt sein Schwert mit der Spitze an Judas'
Hals und entfernt sich so mit ihm. Die Bühne wird dunkel.
Man hört den Juden jämmerlich schreien. Die Bühne wird
wieder hell.

KÖNIG HERODES spricht:

Geh, lakai, lauf, hol mir herein
Den allergetreusten hauptmann mein.

Der Hauptmann kommt mit dem Kriegsknecht.

Herodes spricht zum Hauptmann:

KÖNIG HERODES:
 Seh hin, hauptmann, hier hast du dieses schwert
 Und viertausend man mit ihrem bestn gewer
 Und ziach hin über das gebirg
 Und ålli knäbalein erwürg!
 Låß di bestechn mit koaner gab,
 Sonst kost's dei lebn, wiar i dir sag.
 Töte die kindlein ålli zugleich,
 Sie seien glei jung, oarm oder reich.
 I wüll dir gebn doppelt besold;
 I wüll di zaln mit rotem gold.

HAUPTMANN: Was kenigliche majestat
 Mir ietzo befohlen håt,
 Håb i mit freiden angehort,
 A recht vernumma ålli wort.
 I wolt sollichs volbringn in hechster treu.
 Versprechn tua i's ahn ålle scheu;
 Denn mei ganzer sinn und muat
 Åller dahin trachten tuat.
 I wolt, i hät sie vor mir bald,
 G'wiß i mi nit lang seumen wolt,
 Sondern wolt mit diesem schwert geschwind
 Umbringa vül der kloane kind!
 Das herz im leib mir lachen tuat,
 Wann i siach laufen rotes bluat:
 I moan, als wann ma hochzeit måcht,
 Daß ma vül küe und kälber schlåcht't.
 Nun wolan, so geh i von der stat,
 Zu tun, was kenigli majestat
 In ernst mir befohlen hat. Lakai lauf,
 Hilf mir a recht schlågn drauf!

LAKAI: Ja herr, in dieser stund will i hauen und stecha,
            So vül i kan, ka mensch sull mi derstecha.

HAUPTMANN: I siach a haufen trabantn und knecht,
            I sag, dö wern si wol schickn recht:
            Wolauf, herr kenig, habt guaten muat,
            Ma welln vergiaßn des kindes bluat.   (Ab.)

> Dunkelpause. Die Companei steht auf und schaut gespannt nach den Kriegsleuten aus. Wenn diese kommen, setzt sich die Companei entsetzt auf die Bänke. Der Kriegsknecht und der Lakai tragen eine schwarze Kinderpuppe in der Hand.

> Der Hauptmann spricht:

HAUPTMANN: Enger kenigli majestät nembt mi wol in acht,
            Amal hunderttausendvierundvierzig und acht
            Håb i mit meiner hand umbracht;
            Wolauf herr kenig, habt guaten muat,
            Ma han vergossn des kindes bluat.

> Der Kriegsknecht kommt.

KRIEGSKNECHT:

            Achtzigtausend is mei zal,
            Die håb i umbråcht überal,
            Den håb i auf die letzt ertappt
            Und håb ihm, schnapps! den kopf abg'hackt.

> Der Kriegsknecht wirft die Puppe dem Herodes vor die Füße.

LAKAI: Hiebei seht enger kenigli majestat,
            Wia i nachkumma bin der selbing mandat:
            Zwatausend han i umbråcht
            Und *den* an der muaterbrust ertappt.

> Der Lakai wirft ebenfalls seine Puppe vor Herodes hin.

König Herodes spricht:

KÖNIG HERODES:
> Hobt dank ir knecht ålle drei zugleich.
> I wüll eng schenken mei halbes reich.

Alle drei ab. – Der Teufel kommt und bringt eine schwarze Teufelspuppe mit roter Zunge mit.

TEUFEL:
> Gnädiger kenig, i bin a wieder kumma,
> Und hob mei kinder a mitgnumma,
> Dö han an mir si so vermessn,
> Dö bratwurst mir aus der taschn g'fressn,
> Eh i ina gib an bissn brot,
> Eh leg i s' nieder und schlag s' mausetot. (Ab.)

Der Hauptmann, der Kriegsknecht, der Lakai kommen zurück.

HAUPTMANN: Enger kenigli majestat merkt eng von stundn:
> Aber den neugeborn kenig han ma nit gfundn.
> Gsuacht han ma åller end und ort,
> Aber von dem kenig nix gehort.
> Oba ålli knäbalein,
> Dö zwa jår und drunter sein,
> Han ma umbråcht nach des herren worten;
> I maan, es is vollendet worden.

KÖNIG HERODES:
> Nun weil ir in nit habt g'funden,
> Er is gewiß aus'm reich entschwunden.
> Iazt bin i schon selber halber tot,
> Dieweil geboren is a neuer God.

>Wüll selber schaun, wo i in kann finden.
>Oi, wann i in zu Bethlahem im stal tät finden!
>
>Ach, ach und immer ach,
>Wia bin i heunt so schwach.

LAKAI: Bringt mir an åpfel und a messer her,
>Daß i mein herrn a labnus bscher.

Der Teufel bringt es. – Der Hauptmann und der Kriegsknecht ab.

Der Engel steigt hinter dem Thron auf den Schemel. Dann senkt er den Stern nach unten. In der anderen Hand trägt er eine Flammenkrone.

ENGEL singt: Herodes, Herodes, du grober tyran!
>Was han dir dö kloan kindalein getan,
>Daß du's hast lassn umbringa?
>Wart, der tod wird di bald umringa!

KÖNIG HERODES spricht:

>A heller glanz hot mi umgebn,
>Es is gschechn um mei lebn.
>
>Geh, lakai, lauf, hol mir herein
>Den allergetreuesten hauptmann mein.

Der Hauptmann und der Kriegsknecht kommen.

KÖNIG HERODES spricht:

>Seh hin, hauptmann, da hast du dies präsent;
>Das verehr i dir vor meim end.
>Das zeitlich hat mi zu sehr verwirrt;
>Der teifel hat mi dazua verfürt.
>I far dahin in Abrahams goarten.

ENGEL spricht:
>   Es teifel, tuat nur seiner woarten
>   Und füert in haam in enger nest,
>   Der von jeher enger diener g'west,
>   Und kloadt in als an kenig schon
>   Und setzt im auf die hellische kron.
>
>   Der Engel tut es; ab.

HAUPTMANN, LAKAI, KRIEGSKNECHT sprechen:
>   Was hilft der hohe thron,
>   Das szepter und die kron,
>   Szepter und regament
>   Hot ålles bald an end.   (Ab.)
>
>   Der Teufel kommt und spricht:

TEUFEL: Duck di, Jagel, duck di!
>   Hast de saure mülli ålli ausg'fressn
>   Und hast das quatten in hafen lassn.

KÖNIG HERODES spricht:
>   O teifel, låß mi länga lebn,
>   I wüll dir a schwarz par ochsen gebn!

TEUFEL: Nix da – *di* wüll i han!

KÖNIG HERODES:
>   O teifel, låß mi länga lebn,
>   I wüll dir a schwarz par rappn gebn!

TEUFEL: Nix da – *di* wüll i han!

KÖNIG HERODES:
>   O teifel, låß mi länga lebn,
>   I wüll dir mei hålbs kenigreich gebn!

TEUFEL: Ei, was weln ma zankn immer doar?
Bist doch unser ålli joar.
Müssen no mehr hinein
In de hellische pein,
Nit du allein!
Wart, i wirs probieren,
Obs du schwar bist.

Der Teufel springt um den Thron herum, packt darauf Herodes am Kragen und reißt ihn mit den letzten Worten vom Thron.

Spånn i an a paar ratzen,
Spånn i an a paar katzen,
Spånn i an a paar mäus:
Reiß, teifel, reiß!

Ab mit dem schreienden Herodes, während die Bühne dunkel wird.

HAUPTMANN *nach einer Pause:*

Ach, was håt mei herr kenig getan,
Daß er dö kloan kinder håt umbringa lan;
Ei, hätt i mi zuvor bedacht,
I hätt sie gwiß nit umgebracht.

— — — — — — — —

Ach, könnt i es no erlanga,
Am hechsten baum wolt i glei hanga.
Ach, könnt i es no erreichn,
Im tiefsten mer mecht i mi ersäufn.
Aber i wüll mi an meinem herrn kenig rächa
Und wüll mi mit diesem schwert erstecha.

Der Hauptmann sinkt auf den Thron nieder. Dunkelpause.

Die Companei steht auf, der Hauptmann reiht sich ein, alle ziehen durch den Saal und singen.

DIE COMPANEI:

  Seid fröli und jubilieret,
  Christus dem Messiä,
  Der die gånze welt regieret,
  Ist ein son Mariä
  Und leit in dem krippalein
  Beim ochsen und beim esulein.

  Sause, sause, sause, sause kindalein.
  Du bist mein, i bin dein.
  Jauchzt und springet,
  Klingt und singet,
  Hodie, hodie, hodie,
  Ist geborn Christ, das sönlein
  Mariä, Mariä,
  Und hat von uns weggenumma
  Ålles weh, ålles weh, ålles weh.
  Hülf, daß ma bald zu dir kumma,
  Hülf, daß ma bald zu dir kumma.
  O Christe, o Christe.

Die Companei stellt sich in einem Bogen hinter dem Engel auf. Wenn der Engel geendet hat, treten alle nach vorne und verbeugen sich.

Der Engel spricht zu Ende:

ENGEL: Ersame, wolweise, großginstige herrn,
  Wia a tugendsame fraun und jungfraun in ålln
  Bitt, wellts uns nit vor übel han, [ern,
  Döwail ir unser gspül hobt ghöret an.

Wellts uns zum oargen nit auslegn,
Sondern unserm unverstand die ursach gebn,
Wann ma etwas gefölet hier
Und nit gehalten die rechte zier,
Sondern a jedweder das best betracht,
So wünschn ma von God dem allmächtigen
A recht guate nåcht!

EINLEITUNGSCHOR
ZUM PARADEIS-SPIEL
Faksimile

Ir liabn meini Singa kümts freindli her

Is wird eng heunt de grössti freid und er

Is sitzt vor eng de ganzi ehrsami gmän

Dö will eng feini a weil wol hören än

Drum stellts um mi eng in ana scheibn

den Leidn sollts de weil mit singa verdreibn

Ir liabn meini Singa mochts feumi augn

Dan si de Leut gar wol erbauin

Heunt sch aulst dan enga singa is guet

Und herzli enger stimm und wiar
Sivill oba wolln ma grüasn allzsumal
Was sie hernt hot eingfundn in den Saal
Grüasm ma den Gott Voda im höchsten thoan
Und grüasn ma a sein einign Son
Grüaßn ma dazu a den heilign Geist
Dr unsern Seeln die wahren Wege weist
Und grüasn ma de ganze heilige Dreifaltikeit
Den Voda Son und den Geist allzeit

Griaßn ma Adam und Eva in garden drein

In den ma recht'n a gern alle hrein

Und griaßn ma eli` Bam und tiadein

Und die wundaschö gron und kle vögelein

Griaßn ma a diö ganzi firmament

Dös God gsetzt hat an Welten'and

Griaßn ma a de ehrnfesten amds'leut

Griaßn ma den masdn heunt wia allezeit

Griaßn ma a di` geistlicha herrn

One do ma Ka gspuis auf deas

Griiafsn ma den gmanhevn ebenfest

mit seiner gonzen betfwerd aufs allerbest

Denn do' hot da liab hergod b'stellt

Wob eam so gor so guad gfoelt

Und nova meini liabn seiga stimmts noamal ian

In da mittn lat a bam stan

Von dem dorf Ka mensch effm nit.

Wonn er will bolden d'rechte sitt

Der bam wulln ma a sivign an

Durch die fruücht dö bängant dran

d' Eva dö bözi gessen davon

Und a Jr Adam, dr dummi mon

Do wurdens von God verstoßn

Dös wull'n ma uns ins gsogt sei lassn

Nur den Teifil wulln ma jo grüaßn nit

Von dön uns dr liabe god behüat

Wia wuißte as ois Schwarm euista

Und earn olli hor auszupfa

In liadn meini siriga holts oli ghört

Was zi in oeten Zeiten hot belebt

Nua griiaßen ma no unsern leemader guad

Und griaßen ma a den guadn muat

Mit dem an unsre grotn stimma

Fir oni vül schläg hot nichten Kinna

So meini liadn siriga holts g'hört

Was enger oller freind von eng begehrt.

MARIE STEINER
Geleitwort zur ersten Buchausgabe
Weihnachten 1938

Die tiefe Liebe, die Rudolf Steiner mit seinem alten Lehrer Karl Julius Schröer verband, dessen Lebenswerk er nicht genügend gewürdigt empfand, floß zusammen mit den Erinnerungen an jene alten Weihnachtspiele, die Schröer unter den deutschen Kolonisten Ungarns entdeckt hatte und von denen er seinem Schüler oft erzählte, mit großer Lebendigkeit sogar die Darstellungsweise der Bauern wiedergebend. Obgleich er sie damals, von einer historisch-literarischen Abhandlung begleitet, herausgab, wurden sie von der Öffentlichkeit nicht beachtet. Sie blieben verborgenes, verschollenes Gut, bis Rudolf Steiner sie ans Licht des Tages – und des Weihnachtsbaumes – brachte, indem er Mitglieder der Anthroposophischen Gesellschaft dazu anregte, sie in der Weihnachtszeit aufzuführen, und auch die stilgerechten Anweisungen dazu gab, die er aus seiner Kenntnis der Tradition und des Gegenstandes allein zu geben in der Lage war. 1910 begann es – die Spiele drangen bald hinaus in die Schulen, die Hospitäler, ja bis ins Gefängnis hinein, und konnten überall die Herzen erwärmen und durchleuchten. Auch im Auslande wurde die Anregung aufgegriffen. Ihre Hauptpflegestätte wurde Dornach, wo sie seit 1915 in der Schreinerei des Goetheanum alljährlich aufgeführt werden. Rudolf Steiner konnte dort wieder seine genauen Regie-Anweisungen geben, manche Lücke im Text ausfüllen, manche eingeschaltete, unsicher tastende Zutat korrigieren und so die Spiele möglichst nah an ihre ursprüngliche Fassung wieder heranbringen. Er konnte in lebendiger Frische das weiter vermitteln, was er selbst durch Karl Julius Schröer gehört hatte. So wie dieser sie mitgeteilt hat, so sind die Szenen nun wiedergegeben. [...]

Es sei noch einiges über die hier verwendete Schreibweise gesagt. Der Leser dieser in einem österreichischen Dialekt wiedergegebenen Spiele wird sich vielleicht daran stoßen, daß in der schriftlichen Wiedergabe das A in so mannigfaltiger Art verwendet wird.

Es gibt da ein einfaches A, es gibt ein kurzes A gleich dem offenen O, es gibt ein OA, und es gibt statt eines A ein reines O. Beim Hinhören wird man erkennen, daß sich dadurch die verschiedenen Nuancen der Mundart ergeben. Zu bemerken ist, daß selbst ein einfach geschriebenes A im Dialekt doch niemals als ein offenes A gesprochen wird, sondern daß immer eine leichte Neigung zum O mitklingt, er gewissermaßen verdunkelnd. Folgt dem A ein N, so wie zum Beispiel bei «ang'sunga», dann spricht man wohl ein offenes A, doch ihm folgend ein ganz nasales N, so wie etwa im Französischen – aber mit längerem Ruhen auf dem nasalen Laut.

Als Beispiele seien angeführt: «i hob» oder: «ångsunga» oder: «is woar?». Dann: «Adam, nimm an den lebendigen Atem», bei «an» wäre dann auch der nasale n-Laut zu verwenden.

Für das Niederschreiben des Textes dieser Spiele ist durch viele Jahre hindurch bei den Proben immer wieder versucht worden, in der Schreibweise möglichst nahe der landesüblichen Aussprache des Wortes zu kommen, wie es von Rudolf Steiner, dem gründlichen Kenner der Mundart, vorgesprochen wurde. Es wurde bei diesem Bemühen erlebt, daß der Laut nicht immer phonetisch in gleicher Weise behandelt wird, so daß man sich nicht auf eine durchgängig gleichmäßige Schreibweise festlegen kann.

Statt der von Schröer gegebenen Kommentare und dem Hinweis auf Fehler, die sich in das ursprüngliche Manuskript hineingeschlichen haben, statt der Ergänzung von Lücken durch das Heranziehen entsprechender Stellen aus Preßburger oder Salzburger Handschriften, sind die Spiele hier in der Form wiedergegeben, wie sie sich im Laufe der Jahre bei den Aufführungen unter der Regie Dr. Rudolf Steiners herausgestaltet haben.

Wir sind dem Schicksal dankbar, daß trotz Krieg und Krisen die Friedensbotschaft dieser schlichten Volksspiele seit achtundzwanzig Jahren ohne Unterbrechung zur Weihnachtszeit in Deutschland und dann in der Schweiz gegeben werden konnte.

ANMERKUNGEN DES HERAUSGEBERS

Die erste buchförmige Ausgabe der Oberuferer Spiele in der szenischen Einrichtung von Rudolf Steiner erschien Weihnachten 1938, herausgegeben von *Marie Steiner*. Ihr Geleitwort zu dieser Ausgabe ist vorangehend wiedergegeben, wobei auf eine längere Passage aus dem Aufsatz Rudolf Steiners vom 31. Dezember 1922 verzichtet werden konnte, da dieser vollständig am Beginn der vorliegenden Ausgabe abgedruckt ist.

Wie Marie Steiner in ihrem Geleitwort schreibt, liegt dem Text die von *Karl Julius Schröer* 1858 im Druck veröffentlichte Fassung zugrunde*. Rudolf Steiner erwähnte öfters, daß er vorhatte, den Schröerschen Druck, der durch die von Schröer selbst geschilderten Umstände nicht fehlerfrei sein konnte, neu herauszugeben und die «ursprüngliche, echte Fassung wieder herzustellen». Da es ihm jedoch an der notwendigen Zeit gefehlt hat, ist es dazu nicht mehr gekommen, doch konnte er für die Dornacher Aufführungen an einigen Stellen Ergänzungen vornehmen. So ist in der vorliegenden Ausgabe der Einleitungschor zum Paradeisspiel als Faksimiledruck beigefügt, wie ihn zuerst der Darsteller des Baumsingers in der Stuttgarter Waldorfschule, *Karl Schubert*, von Rudolf Steiner erhielt.

Auf Grundlage der ersten Ausgabe von 1938 wurden die weiteren Auflagen herausgegeben von *Edwin Froböse*, wobei verschiedene Ergänzungen und Verbesserungen vorgenommen wurden. In der 2. Auflage (1957) konnten die Regieanweisungen, wie sie Rudolf Steiner für die Dornacher Aufführungen gegeben hatte, durch *Gerhard Dziuballe* wesentlich ergänzt werden, der bei diesen Aufführungen mitgewirkt hatte.

Für die 3. Auflage (1965) wurde der Text durch *Hans Erhard Lauer*, der jahrelang in Wien an den Aufführungen beteiligt war

---

* Ein Neudruck der Fassung von K. J. Schröer nebst weiteren Überlieferungen, hrsg. von *Helmut Sembdner*, erschien unter dem Titel «Die Oberuferer Weihnachtsspiele im Urtext» im Verlag Freies Geistesleben, Stuttgart 1977.

und die Mundart beherrschte, erneut durchgesehen und verbessert. Zur Aussprache bemerkt er:

«Das *å* in kurzen Silben (håt, åll, måcht) wird hinten am Gaumen intoniert und nähert sich dem o an. In einigen Fällen wurde es deshalb in der Schreibweise durch ein o ersetzt (hot, hobt).

Das *r* in Worten wie *warm, hart* usw. wird im Österreichischen zum *a* vokalisiert und wandelt dadurch das vorangehende a beinahe in ein *o*. Trotzdem wurden solche Worte hier mit *woarm, hoart* usw. wiedergegeben, weil das a wenigstens im Ansatz das r noch mitanklingen läßt.

Ebenso wird das *l* in Worten wie *sull, sullst* usw. zum *i* vokalisiert. Diese Worte sind daher annähernd wie soi, soist auszusprechen. Das *a* in Worten wie *guat, Bluat* usw. wird nicht voll intoniert, sondern nur angesetzt.»

Wie Marie Steiner in dem Geleitwort zur ersten Auflage beschreibt, wurden die Spiele seit 1915 in Dornach regelmäßig aufgeführt. Bei vielen dieser Aufführungen sprach Rudolf Steiner einleitende Worte, in denen er den Teilnehmern manches über das Wesen dieser volkstümlichen Spiele und ihren geschichtlichen Hintergrund vermittelte. Achtzehn dieser einführenden Ansprachen aus den Jahren 1915 bis 1924 sind innerhalb der Rudolf Steiner Gesamtausgabe in dem Band «Ansprachen zu den Weihnachtspielen aus altem Volkstum» (GA 274) zusammengefaßt, der damit eine wichtige Ergänzung zu den hier wiedergegebenen Texten der Spiele bildet.

Inzwischen werden die Spiele in dieser durch Rudolf Steiner übermittelten Fassung außer in Dornach an den weit über hundert Waldorf- bzw. Rudolf-Steiner-Schulen und zahlreichen weiteren Institutionen innerhalb der anthroposophischen Bewegung im deutschsprachigen Raum und darüber hinaus jedes Jahr in der Weihnachtszeit zur Aufführung gebracht. Durch die zunehmende Ausbreitung ist eine persönliche Vermittlung der ursprünglichen Darstellungs-Tradition vielfach nicht mehr möglich. Um den dadurch entstehenden Fragen und Bedürfnissen entgegenzukommen, ist vorgesehen, in einer besonderen Ausgabe alle überlieferten Angaben für die ersten Dornacher Einstudierungen zugänglich zu machen. Diese «Regie-Ausgabe» wird zusätzlich zu der vorliegenden Textausgabe voraussichtlich 1991 herausgegeben werden.

Es sei noch zum Schluß auf die von *Leopold van der Pals* komponierte Musik «Lieder und Chöre mit Klavierbegleitung zu den von Karl Julius Schröer und anderen gesammelten deutschen Weihnachtspielen» hingewiesen, die mit einem Vorwort von *Marie Steiner* erstmals 1919 in Berlin erschienen war* und seither zu einem festen Bestandteil der Aufführungen geworden ist.

---

* 6. Aufl. Dornach 1986, Philosophisch-Anthroposophischer Verlag am Goetheanum.

Rudolf Steiner Gesamtausgabe

Gliederung nach: Rudolf Steiner – Das literarische
und künstlerische Werk. Eine bibliografische Übersicht
(Bibliografie-Nrn. *kursiv* in Klammern)

A. SCHRIFTEN

I. Werke

Goethes Naturwissenschaftliche Schriften, eingeleitet und kommentiert von
  R. Steiner, 5 Bände, 1884–97, Nachdruck 1975 *(1a–e);* sep. Ausgabe der
  Einleitungen, 1925 *(1)*
Editorische Nachworte zu Goethes naturwissenschaftlichen Schriften in der
  Weimarer Ausgabe, 1891–1896 *(1f)*
Grundlinien einer Erkenntnistheorie der Goetheschen Weltanschauung, 1886 *(2)*
Wahrheit und Wissenschaft. Vorspiel einer «Philosophie der Freiheit», 1892 *(3)*
Die Philosophie der Freiheit. Grundzüge einer modernen Weltanschauung, 1894 *(4)*
Friedrich Nietzsche, ein Kämpfer gegen seine Zeit, 1895 *(5)*
Goethes Weltanschauung, 1897 *(6)*
Die Mystik im Aufgange des neuzeitlichen Geisteslebens und ihr Verhältnis zur
  modernen Weltanschauung, 1901 *(7)*
Das Christentum als mystische Tatsache und die Mysterien des Altertums, 1902 *(8)*
Theosophie. Einführung in übersinnliche Welterkenntnis und Menschenbestimmung, 1904 *(9)*
Wie erlangt man Erkenntnisse der höheren Welten?, 1904/05 *(10)*
Aus der Akasha-Chronik, 1904–08 *(11)*
Die Stufen der höheren Erkenntnis, 1905–08 *(12)*
Die Geheimwissenschaft im Umriss, 1910 *(13)*
Vier Mysteriendramen: Die Pforte der Einweihung – Die Prüfung der Seele –
  Der Hüter der Schwelle – Der Seelen Erwachen, 1910–13 *(14)*
Die geistige Führung des Menschen und der Menschheit, 1911 *(15)*
Anthroposophischer Seelenkalender, 1912 *(in 40)*
Ein Weg zur Selbsterkenntnis des Menschen, 1912 *(16)*
Die Schwelle der geistigen Welt, 1913 *(17)*
Die Rätsel der Philosophie in ihrer Geschichte als Umriss dargestellt, 1914 *(18)*
Vom Menschenrätsel, 1916 *(20)*
Von Seelenrätseln, 1917 *(21)*
Goethes Geistesart in ihrer Offenbarung durch seinen Faust und durch das Märchen
  von der Schlange und der Lilie, 1918 *(22)*
Die Kernpunkte der sozialen Frage in den Lebensnotwendigkeiten der Gegenwart
  und Zukunft, 1919 *(23)*
Aufsätze über die Dreigliederung des sozialen Organismus und zur Zeitlage,
  1915–21 *(24)*
Drei Schritte der Anthroposophie: Philosophie, Kosmologie, Religion 1922 *(25)*
Anthroposophische Leitsätze, 1924/25 *(26)*
Grundlegendes für eine Erweiterung der Heilkunst nach geisteswissenschaftlichen
  Erkenntnissen, 1925. Von Dr. R. Steiner und Dr. I. Wegman *(27)*
Mein Lebensgang, 1923–25 *(28)*

II. Gesammelte Aufsätze
Aufsätze zur Dramaturgie, 1889–1901 *(29)* – Methodische Grundlagen der Anthroposophie, 1884–1901 *(30)* – Aufsätze zur Kultur- und Zeitgeschichte, 1887–1901 *(31)* – Aufsätze zur Literatur, 1886–1902 *(32)* – Biografien und biografische Skizzen, 1894–1905 *(33)* – Aufsätze aus «Lucifer–Gnosis», 1903–1908 *(34)* – Philosophie und Anthroposophie, 1904–1918 *(35)* – Aufsätze aus «Das Goetheanum», 1921–1925 *(36)* – Schriften zur Geschichte der anthroposophischen Bewegung und der anthroposophischen Gesellschaft 1902–1925 *(37)*

III. Veröffentlichungen aus dem Nachlass
Briefe – Wahrspruchworte – Bühnenbearbeitungen – Entwürfe zu den vier Mysteriendramen, 1910–1913 – Anthroposophie. Ein Fragment – Gesammelte Skizzen und Fragmente – Aus Notizbüchern und -blättern *(38–47)*

B. DAS VORTRAGSWERK

I. Öffentliche Vorträge
Die Berliner öffentlichen Vortragsreihen, 1903/04 bis 1917/18 *(51–67)* – Öffentliche Vorträge, Vortragsreihen und Hochschulkurse an anderen Orten Europas, 1889–1924 *(68–84)*

II. Vorträge vor Mitgliedern der Anthroposophischen Gesellschaft
Vorträge und Vortragszyklen allgemein-anthroposophischen Inhalts – Christologie und Evangelien-Betrachtungen – Geisteswissenschaftliche Menschenkunde – Kosmische und menschliche Geschichte – Die geistigen Hintergründe der sozialen Frage – Der Mensch in seinem Zusammenhang mit dem Kosmos – Karma-Betrachtungen *(88–244)* – Vorträge und Schriften zur Geschichte der anthroposophischen Bewegung und der Anthroposophischen Gesellschaft – Veröffentlichungen zur Geschichte und aus den Inhalten der esoterischen Lehrtätigkeit *(250–270)*

III. Vorträge und Kurse zu einzelnen Lebensgebieten
Vorträge über Kunst: Allgemein-Künstlerisches – Eurythmie – Sprachgestaltung und Dramatische Kunst – Musik – Bildende Künste – Kunstgeschichte – *(271–292)* – Vorträge über Erziehung *(293–311)* – Vorträge über Medizin *(312–319)* – Vorträge über Naturwissenschaft *(320–327)* – Vorträge über das soziale Leben und die Dreigliederung des sozialen Organismus *(328–341)* – Vorträge und Kurse über christlich-religiöses Wirken *(342–346)* – Vorträge für die Arbeiter am Goetheanumbau *(347–354)*

C. DAS KÜNSTLERISCHE WERK

Originalgetreue Wiedergaben von malerischen und grafischen Entwürfen und Skizzen Rudolf Steiners in Kunstmappen oder als Einzelblätter. Entwürfe für die Malerei des Ersten Goetheanum – Schulungsskizzen für Maler – Programmbilder für Eurythmie-Aufführungen – Eurythmieformen – Entwürfe zu den Eurythmiefiguren – Wandtafelzeichnungen zum Vortragswerk u. a.

Die Bände der Rudolf Steiner Gesamtausgabe
sind innerhalb einzelner Gruppen einheitlich ausgestattet.
Jeder Band ist einzeln erhältlich.